主体的・協働的な学びを実現する

小学校算数

アクティブ・ラーニングを目指した授業展開

文部科学省教科調査官
笠井 健一【編著】

東洋館出版社

はじめに

　私は，毎年たくさんの授業を見せていただく。私も19年半，小学校で授業をしてきて，少しでもよい授業をしようと努力してきたが，見せていただいた授業はそれを遙かに超えて素晴らしい。

　これらの素晴らしい授業は，必ずしも，全国的に著名な人が行っているのではない。

　普通の公立小学校において，「目の前の子供たちになんとかして，算数の力を付けたい」と願う先生がそれぞれ工夫されてきた授業である。

　本事例は，私が数年間見せていただいた授業の中で，「これは本当に素晴らしい。自分もこういう授業がしたかった。どうすればこういう授業ができるようになるのだろう」と思った授業を実践していた方に執筆していただいた。これら以外にも素晴らしい授業がたくさんあったが，誌幅の関係で8校になってしまったのは残念である。

　また本来，素晴らしい実践は，先生方の豊かな教材研究に裏打ちされている。しかし，本事例はこれらの教材研究の部分は最小限に示されているに過ぎない。教材研究の大切さについては別の本に譲ることにする。

　本事例の内容の多くは，指導法が書かれている。1時間の授業でこうすればいい。こうしたらうまくいった。しかし，これらの素晴らしい授業は，その時間だけの教師の指導で素晴らしくなったのではない。4月からの授業を積み重ねる中で，子供たちと，「算数の授業ってこういうものだよ。こういうふうに考えることなんだよ」と積み上げていった学級経営，算数の授業経営の積み重ねによってできたものである。また，学校研究としては，低学年，中学年，高学年と，育てたい子供像を明確にして取り組まれてきた成果でもある。そこで，それぞれの学校でどのように積み重ねをしてきたのかも書いていただくようにお願いした。

　1人の授業の実践本，ある学校の研究の実践本はあるが，いろいろな学校の特色に合わせた，積み重ねのある結果としての算数の授業についての本はなかったのではないだろうか。

　これらの実践は，教材研究の深さ，授業力の確かさという点において，多くの先生方が一朝一夕にできるものではないかもしれないが，チーム学校，チーム学級としての学校づくり学級づくりが基盤となって，それぞれの地域，学校，子供たちに合った素晴らしい授業になっているのである。

　読まれた先生方の心に感じるものが残ることを祈念して，前書きとしたい。

平成27年12月吉日　笠井　健一

はじめに ……………………………………………………………………… 001

序章 算数の授業　過去，現在，これから ……………………… 004

第1章 算数科における主体的・協働的な学習 ………………… 011

1　算数科における主体的に学習に取り組む態度 ……………… 012
2　算数科における学び合い …………………………………… 016
3　数学的な考え方を育む学習指導の在り方と留意点 ……… 022
4　算数科における課題を解決する学習過程の工夫 ………… 028
5　算数科における「見通す・振り返る」学習活動 ………… 032
6　考えが深められたかを評価する …………………………… 036

第2章 実践！算数科「アクティブ・ラーニング」 ………… 041

アクティブ・ラーニングを目指した授業 ……………………… 042

AL実践1 子供の主体性を伸ばす授業
「考えることの楽しさ」を目指した算数の授業 …………… 044
　事例1　ピザをなかよく分けよう（第2学年） ……………… 048
　事例2　図と式を関連させて考えよう（第5学年） ………… 052

AL実践2 全員が一人一人を大切にして支え合う授業
「全員参加の授業」を目指した算数の授業実践 …………… 058
　事例1　あまりについて考えよう（第3学年） ……………… 062
　事例2　分数倍について考えよう（第6学年） ……………… 066

AL実践3 自分たちで問題をつくる授業
「岡崎・連尺モデルによる算数を楽しむ子」を
目指した授業実践 …………………………………………… 074

事例1　線分図を利用して問題づくりをしよう（第3学年）……… **078**
事例2　公約数を活用して問題づくりをしよう（第5学年）……… **082**

AL実践4　ふきだし法を活用する授業
「自ら問える子供を育てる」ことを目指した算数の授業実践　**088**

事例1　三角形の角の和をもとに考えよう（第5学年）………… **092**
事例2　速さの意味を知ろう（第6学年）………………………… **096**

AL実践5　ICTを活用する授業
ICTを活用し，「確かな学力」の定着を目指した算数科学習
　102

事例1　およその数の表し方を考えよう（第4学年）…………… **106**
事例2　四角形の4つの角の大きさの和を求めよう（第5学年）… **110**

AL実践6　指導形態を工夫する授業①
ティーム・ティーチングによる指導の工夫 ………………… **116**

事例1　何をまとまりにしたのかな（第2学年）………………… **120**
事例2　もとにする大きさは，どちらかな（第5学年）………… **124**

AL実践7　指導形態を工夫する授業②
「考えることの楽しさ」を目指した習熟度別指導の授業実践　**130**

事例1　あまりの大きさを説明しよう（第5学年・習熟度A）… **134**
事例2　あまりの大きさを説明しよう（第5学年・習熟度B）… **138**

AL実践8　複式の手法を取り入れる授業
自主的・積極的に学習する学習集団を育てる複式授業の実践　**144**

事例1　わり算を考えよう（第3学年）／
　　　　四角形を調べよう（第4学年）……………………… **148**
事例2　数カードや具体物で説明しよう（第2学年）………… **152**

編著者・執筆者紹介 ……………………………………………… **158**

算数の授業　過去，現在，これから
―「分数のかけ算」の指導を例にして―

1. わかりやすく教えて練習させる授業

　第6学年の分数のかけ算の計算の仕方の授業を例に考えよう。

　「分数に分数をかける計算は，分母同士，分子同士をかけます」と結論を教えて，分数×分数の計算練習をさせる授業は，戦前から行われてきた。

　結論を教えて練習する授業だけをしていると，「子供は大人の言うことを聞いて，その通り行えばいい」という世界観が形成されやすい。大人の中には，いい大人もいれば悪い大人もいる。とすると，大人の言うことを鵜呑みにするだけではなく，その理由もわかり使う子供になってほしい。そこで，「分数×分数は，分母同士，分子同士かければ答えが出る」ことの理由を伝える授業に変わっていった。

　「分数に分数をかける計算は，このように面積図に表すと，答えを出すことができます。よって，分母同士，分子同士をかけます」と，分母同士，分子同士をかける理由を先生がわかりやすく説明し，結論を伝え，分母同士，分子同士をかける計算を練習する授業へと変わったのである。私が子供の頃に受けてきた授業である。

　つまり，わかりやすく教え練習する授業も2種類あることになる。

　1つは，今日学習する結論をわかりやすく教えて，練習する授業である。

　もう1つは，今日学習する結論に至る理由をわかりやすく教えて，結論について練習する授業である。

　整数のわり算の筆算のやり方を，「たてる→かける→ひく→おろす」とわかりやすく教えて，筆算の練習をさせる授業は前者であり，例えば120÷4を「⑩⑩⑩⑩⑩⑩⑩⑩⑩⑩⑩⑩を4等分するので，⑩が12÷4＝3　だから，⑩が3こで，30」と120÷4が12÷4を使って計算できることを⑩などを基に説明した後，150÷3の計算は15÷3＝5だから50と答えを出すことを練習する授業が後者である。

　よく「教科書を教える授業」と言うが，教科書を教える授業とは，教科書に書いてある内容を解説して，練習問題を解かせる授業のことなのでこれらの授業に当たる。

　評価の観点で言えば，このときの授業の評価の観点は，知識・理解や技能となる。例えば，整数のわり算の場合，「筆算の仕方がわかり筆算に習熟すること」が本時の指導の目標となるため，評価の観点も技能となる。そしてこの場合は，筆算のやり方を先生がわかりやすく

教えて練習する授業がよい。

では，第6学年の分数のかけ算はどうだろうか。学習指導要領の記述を見てみよう。

平成元年の学習指導要領には「分数の乗法の計算の仕方について知ること」とあった。この文言の意味を知るために当時の指導書を読むと，「乗法や除法の計算の仕方を指導するに当たっては，形式的に覚えさせるだけでなく，その方法を児童にも工夫して考え出させるようにする必要がある。これは，一つの形式ができあがるまでの過程の中に，論理的に考えることや，形式に着目してまとめることなど，数学で重要な考え方を体験しそれを伸ばす機会が多くあるからである」(p.157)とある。知ることに至るまでに，考えることにも配慮することが述べられていた。

その後，平成10年の学習指導要領では「分数の乗法の計算の仕方について知ること」から「分数の乗法の計算の仕方を考え，それらの計算ができること」へと変わった。「考えること」が学習指導要領の記述になった。

現在の学習指導要領にもこの文言は引き継がれ，さらに算数的活動として「分数についての計算の意味や計算の仕方を，言葉，数，式，図，数直線を用いて考え，説明する活動」も加えられている。

分数×分数の計算は分母同士，分子同士かけることの理由がわかるだけでなく，「子供が計算の仕方を考えること」，言い換えると，子供が「分数のかけ算では分母同士，分子同士かけるとよいことを見いだすことができること」を目指す授業が行われるようになった。すなわち，子供がまず考え，子供同士の話合いによって結論を見いだすことができる授業である。

先生方は，自分が小学校の頃に受けてきた授業ではない授業を，目の前にいる子供に行うことが求められるようになったのである。

2．子供がまず考え，子供同士が考えたことを伝え合う授業

そこで先生方が目指した授業は，「分数のかけ算の計算の仕方は，分母同士，分子同士かければよいこと」を子供が考えることができるようになる授業である。

そこで，問題提示の後に見通しをもたせ，個人で解決する時間を取り，その時間内で子供が考え出せることを目指した授業が行われるようになった。

具体的に考えよう。「1dLで$\frac{2}{5}$m^{2}塗ることができるペンキ$\frac{2}{3}$dLでは，何m^{2}塗ることができるか」という場面を，今までは先生が面積図に表して，1dLでは，$\frac{1}{3}$dLでは，$\frac{2}{3}$dLでは，と順に図に描き加えることで子供たちに説明していた。このことを，子供自身が導くことができることを目指したのである。

先生がわかりやすく教える授業では，先生が子供にとってわかりやすい図を示して順に説明すればよかった。しかし，子供がこのことを見いだすためには，分数を面積図に表して問題を解決した経験や，かけ算やわり算において図を操作した経験があり，それらのよさを実

感していることが必要になる。

　すなわち，子供が考えることができるための思考ツール（この場合は面積図）を，少しずつクラスの子供たちのものにしていくことが大切である。

　実際，第3学年や第4学年で分数を学習するとき，子供たちは分数のイメージとして面積図を用いて表すことを使ってきている。分数の加法や減法の計算をする際も，面積図を用いて，答えを求める経験を積んできている。だからこの問題の場合，図1のように $\frac{2}{5}$ m² を表すことは子供にとってなじみがあるだろう。

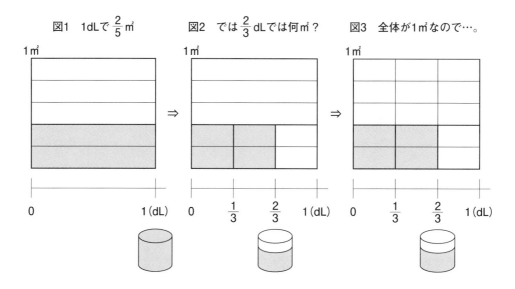

　次は，図1の広さは1dLで塗ることができた広さであることから，今度は $\frac{2}{3}$ dLで塗ることができる広さを考えることになる。そこで思い出したいのは，現実の場面である。ペンキの量が2倍，3倍…となれば塗ることができる面積も2倍，3倍…となることを思い出す。だったら，ペンキの量が $\frac{2}{3}$ 倍になれば，塗ることができる面積も $\frac{2}{3}$ 倍になるはずである。そこで，$\frac{2}{3}$ dLで塗ることができる広さは，図2の色が塗られた部分の面積ということになる。

　その次に考えることは，色が塗られた部分の面積は何 m² かということである。

　正方形の面積全体を1m²としているので，図3のように，3等分した線を上に延ばすことで，塗られた面積は，$\frac{4}{15}$ m² であることを見いだすことができる。

　子供たちが育っていれば，図1も示さずに「さあ，考えましょう」と言って考えさせる。目の前の子供たちによっては，そうすると何をしてよいのかわからないときもある。そこで，図1まで全員のノートに書かせてから「このあとを考えましょう」という授業もある。図2までを全員に示して「考えましょう」という授業もある。クラスの子供たちの実態に合わせて提示することが大切である。

　図で答えを出すことができたのなら，そのことを「式で考えられないか」と問う。

　このことをもとの数をできるだけ残して式に表すと，次のようになる。

$$\frac{2}{5} \times \frac{2}{3} = \frac{2}{5} \div 3 \times 2 = \frac{2 \times 2}{5 \times 3} = \frac{4}{15}$$

　このことは他の分数でも同じように考えられるので,「分数のかけ算は分母同士,分子同士かければよい」とまとめをすることになる。

　そしてその時間の最後は,多くの授業において,この分数×分数の計算の仕方をまとめたことを理解したかを確認するために,計算練習を行う。

　このような授業における評価の観点は,数学的な考え方と知識・理解になる。すなわち本時の場合,授業の前半では「分数のかけ算の計算の仕方を考えることができる」と数学的な考え方を評価し,最後の練習問題は「分数のかけ算の計算の仕方をまとめたことを理解している」ことを評価するので,知識・理解となるからである。

3. 教材研究によって広がり深まる授業

　分数のかけ算の答えを導く方法は,面積図を描くことだけではない。例えば,数直線などを使っても説明できる。かけ算のきまりを使っても説明できる。数直線やかけ算のきまりなどを使っても,子供たちは自分なりに分数のかけ算の計算の仕方を考え,答えを求めることができることが,多くの先生方の実践から明らかになった。

　そういうことを教材研究をしている先生は,子供たちに多様な方法で答えを出させることができる。先生の教材研究の深まりによって,子供の考えも深まり,その結果,授業に広がりが出るのである。

　そうはいっても,全ての子供たちが今までの経験を思い出し,うまく答えを見付け出せるわけではない。そこで,考えが思いつかない子供には,ヒントカードを渡し,なんとかして子供が答えを導くことができるようにする授業が行われるようになった。このときの授業の後半は発表会である。発表している子供は,「私は別の考えをした」といって発表していく。聞いている子供は「ああ,○○君はそう考えたのか」という感想をもって授業が終わっていく。

4. 学び合うことを目指す授業

　今回の学習指導要領では言語活動の充実が強調され,一人一人の子供が考えを書くだけでなく,自分の考えを伝え合うことが広く行われるようになった。自力解決の後,全体に発表する前にペア学習等を取り入れる授業である。

　クラスの全員が自分の考えを伝える経験をもったことで,子供は自分が何を考えたのかを自覚する機会を得ることになった。自分はここまでわかった。答えは出たが,自分の考えのここの部分はうまく説明できない。自分なりに説明して伝えたが友達はなかなかわかってくれない,などである。

　隣の友達から考えを聞くことは,「ここはどうして？　よくわからないけど」などと気楽に

質問できるというよさもある。

　第6学年の分数のかけ算の計算の仕方の授業の場合，子供たちが一人一人解決しているとき，面積図で考えられなかった子供もいるだろう。その子供たちもその後のペア学習で隣の子供から説明を受けたとき，全員が「ああ，わかった」と納得したのだろうか。そうでないことも多いのではないだろうか。

　そこで，繰り返しクラス全体で考えを共有する。自分の考えを発表するのである。単なる発表会で終わらず，「友達のよい考えを自分のものにしよう」というねらいで行うのである。伝え合うことではなく，学び合うことにねらいがある。

　まず，1人の子供A君が面積図を基に説明する。今日，初めて分数をかける計算の答えを見付けた子供は，上手に説明できないのが普通である。大事なところの説明が抜けていたり，正しいことを言っているが抽象的で他の子供に伝わっていなかったりする説明もある。

　そこで，先生がフォローする。

　このときのフォローの仕方が，先生によって異なる。

　ある先生は，先生がもう一度わかりやすく説明し直し，「わかりましたか」と確認して終わる。先生が説明し直して「わかりましたか」と言われた子供は，「わかりました」としか答えられないのが普通である。わからないときに，「わかりません」とはなかなか言えない。「何かわからないところはありますか」という発問も同じである。「あります」とは言えないものである。答えが「はい」か「いいえ」しかない閉じた発問だからである。クラスの多くの子供の「わかりました」の声を聞いて安心して，ある先生は「では次に行きます。他の考えはありますか」と続けていく。

　一方，子供同士の学び合いで授業を進めていきたい先生もいる。その場合は，ある子供が発表した後に，先生はその子の説明の足りないところを補うなどの説明をせずに，他の子供に「わかりましたか」と聞く。

　ここでも子供たちは，「わかりました」と言う。

　「わかりました」という声の中で，その言葉を言えない子供がいる。その子のことを気にかけていない先生は，「わかったのなら，頑張って答えを見付けたことに拍手をしましょう」と述べ，「他の考えはありますか」と続けていく。

　そのとき，まだわかっていない子供もいるのではないかということを気にかけている先生もいる。個人解決のとき，面積図の考えができなかった子供が誰かを把握している先生なら，その子供を意識して「発表した考えがわかりましたか」と聞く。もし，その子がわかっていれば，「わかりました」と目を輝かせるだろう。しかし，まだわかっていなければ，クラスの他の子供たちが「はい」といっている中で，その子供は口を動かさずに目をそらせる。

　その子がいることに気付いた先生は「誰か同じことをもう一度言ってくれる人はいませんか」「前に出てこの図を使ってもう一度説明してくれませんか」「この図に書き加えて説明してくれませんか」などと続けて何人かに繰り返しの説明をお願いする。

さらに，確認の意味で「では，隣同士でわかったことを伝え合いましょう」と指示を出したりする。そして，そのとき教師はさりげなく「わからなかった」子供のそばに行き，何を話しているかに耳を傾けるのである。

さらに，「みんな本当にわかったんだね。だったらこの問題もできるはずですね」と最後に確認の意味で，適用問題を出す。

「今度は$\frac{2}{3} \times \frac{1}{2}$の面積図を自分で書いて，答えがいくつになるか説明をしよう」。

多くの子供たちは，友達の考えを聞いただけではわからないものである。子供たちは，友達の考えを自分のノートに写したり，自分の言葉で友達の考えを話したり，友達の考えを使って問題を解いたりすることで，新しい考えを自分のものにしていくのである。

適用問題は計算問題ではない。考え方が理解できたかを確認する問題である。つまり，このときの授業の評価の観点は，個人解決のときも適用問題のときも「数学的な考え方」になる。言い換えると，「数学的な考え方」が評価の観点の授業の場合，適用問題も「数学的な考え方」を見る問題にすることで，子供たちは数学的な考え方が授業の中で育ったのかを確認することができるのである。

「はじめは難しいと思っていたけれど，みんなが繰り返し説明してくれたのでよくわかりました」「面積図があるとわかりやすいです」「分数×分数は，分母同士，分子同士かけるって知ってはいたけれど，今日の勉強でそのわけもわかりました」「面積図は昔も使ったけれど，分数のかけ算の計算の仕方を考えるときもわかりやすかったです。今度も使いたいです」。

授業の最後に，クラスの子供たちがこんな感想を書いてくれることを期待して授業をする。

このように，教師が子供たち全員でできるようになってほしいという思いを強くもち，子供が素直によくわからないと言えるクラスになること，さらに，「クラスのみんながわかる説明をしよう」「クラス全員がわかるまで説明しよう」とクラス全員が思うことで，子供が主体的・協働的に学び合う授業へと変わっていくのである。

＊　　＊　　＊

平成26年11月20日の「初等中等教育における教育課程の基準等の在り方について（諮問）」では，新しい時代に必要となる資質・能力を子供たちに育むためには，「『何を教えるか』という知識の質や量の改善はもちろんのこと，『どのように学ぶか』という，学びの質や深まりを重視することが必要であり，課題の発見と解決に向けて主体的・協働的に学ぶ学習（いわゆる「アクティブ・ラーニング」）や，そのための指導の方法等を充実させていく必要」があるとしている。

その後，平成27年8月26日の「教育課程企画特別部会における論点整理について（報告）」では，その「アクティブ・ラーニング」について，「下記のような視点に立って学び全体を改善し，子供の学びへの積極的関与と深い理解を促すような指導や学習環境を設定することにより，子供たちがこうした学びを経験しながら，自信を育み必要な資質・能力を身に付けていくことができるようにすることである」と述べ，次のように記している。

> ⅰ）習得・活用・探究という学習プロセスの中で，問題発見・解決を念頭に置いた深い学びの過程が実現できているかどうか。
>
> 　新しい知識や技能を習得したり，それを実際に活用して，問題解決に向けた探究活動を行ったりする中で，資質・能力の三つの柱に示す力が総合的に活用・発揮される場面が設定されることが重要である。教員はこのプロセスの中で，教える場面と，子供たちに思考・判断・表現させる場面を効果的に設計し関連させながら指導していくことが求められる。
>
> ⅱ）他者との協働や外界との相互作用を通じて，自らの考えを広げ深める，対話的な学びの過程が実現できているかどうか。
>
> 　身に付けた知識や技能を定着させるとともに，物事の多面的で深い理解に至るためには，多様な表現を通じて，教師と子供や，子供同士が対話し，それによって思考を広げ深めていくことが求められる。こうした観点から，前回改訂における各教科等を貫く改善の視点である言語活動の充実も，引き続き重要である。
>
> ⅲ）子供たちが見通しを持って粘り強く取り組み，自らの学習活動を振り返って次につなげる，主体的な学びの過程が実現できているかどうか。
>
> 　子供自身が興味を持って積極的に取り組むとともに，学習活動を自ら振り返り意味付けたり，獲得された知識・技能や育成された資質・能力を自覚したり，共有したりすることが重要である。子供の学びに向かう力を刺激するためには，実社会や実生活に関わる主題に関する学習を積極的に取り入れていくことや，前回改訂で重視された体験活動の充実を図り，その成果を振り返って次の学びにつなげていくことなども引き続き重要である。

　分数のかけ算は，単に「分子同士，分母同士かければよい」ことがわかればよいのではない。「分子同士，分母同士かけることを考えることができる」「分子同士，分母同士かけるわけがわかる」ことが求められている。これが分数のかけ算における「深い学び」である。このことは教師のコーディネートのもと，子供同士の「対話的な学び」によって深められるのである。そして，今までに何を使ったのかを振り返り「面積図が使えるのではないか」と見通しを立て，実際に使えたことを実感し，「これからも分数の計算の仕方を考えるときは面積図を使おう」と振り返る「主体的な学び」によって，先生からヒントをもらわなくても自力で問題解決できる，主体的に学習に取り組むことができる子供に育っていくのである。

第1章 算数科における主体的・協働的な学習

ALを考える 1
算数科における主体的に学習に取り組む態度

―1―
算数科における主体的に学習に取り組む態度とは

　ある算数の講演を聴いていて，ふと気が付くと，話が先に進んでいるにもかかわらず，そのときに出された問題を解き続けているときがある。研究授業を見せていただいているときも，ふと気が付くと，授業で出された問題を自分が解いていることがある。今まで見たこともない問題で，一見何が答えか，どう解くのかが見えないときだ。

　問題を解くっておもしろい。

　似たような問題を解いたことはなかったかな。そのときの方法が使えないかな。図に表してみよう。簡単な場合で考えてみよう。小さな数から順に調べていこう。整理して表にまとめてみよう。

　いろいろ考えてやっと何とか一応の答えが出た。この答えでいいのだろうか。不安である。つい隣の人と話がしたくなる。しかし，授業中だったり講演中だったりする。そこで解いた道筋をもう1回追う。そのとき，書き殴って書いた部分を整理しながら書き直してみる。道筋は間違っていないようだ。ということは，この答えでいいようだ。

　すぐには解けそうでもない問題に出合って，いろいろ試行錯誤をした結果，問題が解けたときの爽快感。解いた筋道を確認し，その答えが正しいことが自分なりに納得できたときのうれしさ。

　問題の答えが見付かった。答えが正しいと確認できた。よかった。ついここで終わりたくなる。けれども，答えが出てからが本当の算数の始まりだ。

　算数では，問題が解けてから，さらに楽しいことがある。

　多くの子供たちは，それを知らない。解けたことで満足しているから。その子供たちを教えている先生も，問題が解けるようになればいいと思っているから。

　算数の授業では，目の前にある問題が解けることが算数の授業のねらいであることはほとんどない。その問題と似た問題も含めて，目の前にある問題と同様な問題群が全て解けるようになることがねらいだからだ。さらにいうと，似た問題を，最初の解き方よりもよりよく解けるようになることがねらいになるからだ。

　もし，問題をこう変えたらどうなるか。問題の数値を少し変えても同じようにできるだろ

うか。形を少し変えても同じようにできるだろうか。例えば，変わり方の授業で正方形が5段だったのを6段にしたらどうなるか。

やっぱり同じ方法が使えた。もっと変えてみよう。やっぱり同じように見付けたきまりが使えた。気持ちがいい。発展的に考えるって楽しい。

ということは，このきまりはいつでも使えると思ってよいのだろうか。このきまりが成り立つ理由は何だろう。図で説明できないだろうか。

また，問題を解いた過程を振り返ってみよう。何がこの問題を解くポイントなのだろうか。既習の考えが使えたからよかった。この図をかいたことがよかった。表に表したからきまりが見付かった。きまりを式に表したので簡単に答えを求めることができた。とすると，今度似た問題を解くときも同じようなことをしてみよう。

さらに，自分はこう解いたのだけれども，他の人はどう解いているのだろうか。他の人に別の解き方はないか尋ねてみよう。なるほど，そんな考えもあったのか。自分の解き方とどちらの解き方がよいのだろうか。

このようなことを，子供たち一人一人が自ら自然に考え続けている。これが，算数における主体的に問題に取り組む態度である。

この中には，帰納的に考えようとする態度，演繹的に考えようとする態度。統合的・発展的に考えようとする態度など，算数の学習に必要な態度が含まれている。

また，粘り強く考えようとする態度，筋道立てて考えようとする態度，根拠を基に考えようとする態度，よりよいものを追究しようとする態度，友達と関わり合って問題を解決していこうとする態度など，算数科に限らず，他の場面でも生きて働く態度も含まれている。

― 2 ―
算数科における主体的に学習に取り組む態度の育成

「いつも言っているでしょう。見直しをしなさいって。そうすれば，こんなケアレスミスはしなくなるんだ」。

2桁×2桁の計算練習の答え合わせをしたときだ。こういう言葉を聞いた子供の気持ちを想像してみよう。明日から，計算が終わったら見直しをしようと思うだろうか。

「あれ？ よく見てみたら，6×7が出てくる計算だけ間違えているよ。6×7は42なのに48って書いている。この問題でもそうだ。間違えている問題は全て6×7が出てくる問題だよ。2桁×2桁のかけ算のやり方は正しくできているのに本当に惜しいね。6×7だけ明日までに覚えてくることにしないか」。

テストの見直しをすること，学習の振り返りをすることは大切だ。だから態度として身に付いていてほしい。けれども，「振り返ることって何することなの。何でしなければならないの？」という問いを子供たちに感じさせないために，先生が子供の代わりに振り返ることで「自分の計算のいいところは，計算の仕方をきちんと覚えていて，間違いなく手順通りに

遂行できることだ。逆にこれから頑張るところは，6×7の答えを確実に42と言えるようになることだ」と，振り返ることの価値を学習の中で具体的に実感させていくことが大切である。

　では，先に述べたような主体的に問題に取り組む態度を育成するためには，どうしたらよいのだろうか。

　問題を粘り強く考え続けている。何か今日の問題に関わることはないか，既習を振り返っている。答えが出たからと言って満足せず，もう一度筋道を振り返り，答えが正しいか確かめている。さらに自ら似た問題を考え，同じように解けるか考えている。1つの方法で満足せず，本質的に異なる別の解き方はないか探そうとしている。いくつかの方法が思いついたら，どの方法がよいか考えている。問題を解くポイントを振り返り，まとめている。

　先生が子供たちに，「こういうことが算数の授業では大切ですと」紙に書いて渡して，子供たちがいつでも見られるようにしておくという方法も考えられる。けれども紙に書いてあるからといって，そういうようなことをするようにならないことは明らかである。

　以前，細水保宏先生の筑波大学附属小学校における最後の公開授業を見せていただいた（2015年3月1日）。細水先生は，子供が自分なりに答えを出した後，続けて何人かの子供に答えを発表させる。そして，同じ答えが続いた最後に子供に対して「え，本当？　絶対に？」と声をかける。子供たちは同じ答えが出たので，安心して自分も同じ答えを言っている。そこにダウトをかけるのである。子供たちは，自分たちの答えに何か根拠を言わなければいけなくなる。「え？　だって○○だから」。

　細水先生は，この言葉をいつでも言うのではないという。この日の授業はいつも教えている子供たちではない。飛び込み授業である。そこで，今日は子供たちに教師の価値観を教える意味でこのような言葉を発し，板書し，子供たちに意識付けたという。このような言葉は担任をしている子供相手なら1学期は言うかもしれないけど，2学期・3学期は徐々に言わなくしていくのだという。子供たちが先生が言わなくても自分でこのことを問えるようになったからである。答えが出たら，その答えが出た根拠を説明することが子供たちにとって当たり前になったからである。根拠を述べることを，子供たちに態度として身に付けていくということであろう。

　「教育及び学習指導が，願いや目的を実現するための意図的，計画的な営みであることに配慮すれば，教師のかかわりは必要であり，生徒の自立への誘いである。したがって，教師のかかわりは，時に積極的であり，次第にあるいは状況に応じて個別的，間接的になり，最終的には生徒自身が自力でする営みの機会を設けることが必要である」と『中学校学習指導要領解説　数学編』(p.53)に書かれている。態度を育成する指導もこうでなくてはならない。

　つまり態度の育成は，1時間の授業で達成できるものではない。毎日毎日の算数の授業で，「問題を粘り強く考え続けたので問題が解けてよかった。何か今日の問題に関わることはないか既習を振り返ったので，見通しをもって問題に取り組め，問題が解決できたのでよかっ

た。別の解き方を探したらよりよい方法が見付かったのでよかった…」など，算数の授業の中で，このようなことをしてよかったと思う体験を，少しずつでいいので積み上げていくことが大切である。

＊　　＊　　＊

算数科の目標は次の通りである。

「算数的活動を通して，数量や図形についての基礎的・基本的な知識及び技能を身に付け，日常の事象について見通しをもち筋道を立てて考え，表現する能力を育てるとともに，算数的活動の楽しさや数理的な処理のよさに気付き，進んで生活や学習に活用しようとする態度を育てる」。

算数科においては，算数的活動を通して，算数を進んで生活や学習に活用しようとする態度を育てることになる。

算数的活動は，子供たちが目的意識をもって主体的に取り組む算数に関わりのある様々な活動を意味している。

ということは，新たな性質や考え方を見いだそうとしたり，具体的に課題を解決しようとしたりするなど，子供が「目的意識をもって主体的に取り組む」ことを通して，算数を進んで生活や学習に活用しようとする態度を育てることになる。

ところが実際のある授業では，「問題を写しましょう。見通しを考えましょう。問題を解いたらノートに書きましょう。隣の友達に説明しましょう。発表しましょう。まとめをしましょう…」と問題解決する授業をしてはいるが，全て教師の指示で授業が流れていることがある。子供たちは主体的に活動しているのではない。

ある研究授業においても，導入では「おもしろそうな問題だな，解いてみたいな」と主体的に子供たちが取り組み始めたが，「答えが出た。あってた」といった場面以降は「友達の考えを聞きましょう。どの解き方がいいか考えましょう。また似ている考えを見付けましょう」と，教師の指示で授業が進んでいく。

なぜ友達の考えを聞くといいのか，このことが子供たちに伝わっているのだろうか。自分の考えより，よい考えを自分が知るためである。よりよい考えを知るだけでなく，実際にできるようになるためである。とすると，実際に似た問題を自分のやり方と友達のやり方の両方で解いてみることが必要になる。

なぜ，似ている考えを見付けるのか。似ている考えの共通部分に，問題を解く本質があるからである。言い換えると，問題を解くポイントがあるからである。このポイントを見いだし，まとめることで，新たな概念が生まれたり，公式にすべき方法が生み出されていくからである。

教師主導の授業を変えたいと思い，本書を作成した。第2章では子供たちが学習に主体的に取り組むようになる事例を挙げている。これらの事例が，先生方の参考になれば幸いである。

ALを考える

2 算数科における学び合い
―自分や集団の考えを発展させる

—1—
算数科において考えが発展するとは，どういうことか

　算数の授業で，子供たちが学び合うことによって，考えが発展するとは，次のようなことが考えられる。

　乗数が小数の場合でもかけ算ができるようにするために，乗数が整数の場合のかけ算の意味を拡張するなど，「ある概念が豊かになる」ということがある。

　また，三角形の面積を，長方形に変形して面積を求めるという考えだけでなく，平行四辺形に変形して面積を求められるようになるなど，「いろいろな方法が考えられるようになる」ということもある。さらにそれらの考えの共通点を探り，面積を求めるポイントを見いだすことから，一般的に使える公式にまとめるということもある。

　解決の方法や意味を振り返り，概念を豊かにしたり新たな方法を見いだしたりすることは，算数の授業で考えが発展する具体的な姿である。

　それだけでなく，もっと単純に考えてもよい。子供たちが初めて出合った問題の解決に取り組んでいるとすると，以下のような姿を見ることがある。

- どうしていいかわからない子供。
- やり始めたが途中でわからなくなった子供。
- 答えを出したが自信がない子供。
- 確かめをするなど，答えに一応自信がある子供。
- 1通りの方法で答えを求めるだけでなく，他の方法も考えようとする子供。
- 2通りの方法が思い付く子供。
- 2通りの方法の違いや似ていることを考えたり，似た問題で実際に方法を試したりすることで，よりよい方法を判断できる子供。
- 方法を洗練し一般化できる子供。

　このようなことは，問題に答えることについて，考えが発展している姿である。
　また，考えるということについても，次のように高まっていく姿を考えることができる。

> - 具体的なものを用いることで，考えを進める。
> - ものは用いなくても，絵を描くことで，考えを進める。
> - ○の図，①⑩などお金の図，テープ図，数直線などを書くことで，考えを進める。
> - 数式を書くことで，考えを進める。
> - 表やグラフに書くことで，考えを進める。
> - 言葉の式や□や△を用いた式，文字を用いた式に表すことで，考えを進める。

― 2 ―
算数科における自分や集団の考えを発展させる学び合いとは

　算数の授業においては，以上に挙げたように考えが発展する場面がある。そこで実際に授業をするときは，学び合いをする目的を，教師が授業をする前に明確にしておくことが重要である。そして，実際の授業で話合いをする際は，何の目的で話し合うのかを子供たちに伝えるなどすることで，学び合いをする目的を子供も理解していることも大切である。

　また，授業前はこの目的で学び合いをさせようと考えていたとしても，子供たちの個人解決の様子を見て変更する必要が出てくることもある。

　算数の問題と言っても，子供たちにとって難しい問題もあれば，簡単な問題もある。今日子供たちに解かせる問題はどういう問題なのかをある程度は予想したとしても，実際の子供の解決の様子はわからないものである。例えば，答えがなんとか出た子供が多いのか，今日伝えたい考えを用いて答えを求めている子供が多いのか，答えを求めた説明もできる子供が多いのか。

　つまり，子供たちの解決の様子を見て，学び合いをする目的を変える必要があるときがある。答えが導かれた方法の説明を根拠を基にできるようにするためなのか，新しい考えを知り，いろいろな方法で答えを求めることができるようにするためなのか。いくつかの方法の共通点を探り，今日の問題を解くためのポイントをまとめるためなのか，などである。

　次に，この目的を達成するために学び合いをする形を決めることになる。ペアがいいのか，グループがいいのか，最初から学級全体で話し合った方がいいのかなどである。例えば，新しい考えを知るという目的なのに，個人解決のとき，そういう考えが子供たちからあまり出ていないのなら，グループで話合いをしても新しい考えに出合うことは少ない。それなら，最初から学級全体で話し合った方がよいことになる。

― 3 ―
子供が説明する意味

　個人解決が終わった段階で，ペアで互いに自分の考えを説明をさせ合うときがある。

「ぼくは精一杯説明したよ。なのになんでわからないんだよ。いいからぼくの式と答えを写しておけよ」。

式と答えを写したからといって，説明を受けた子供が，その後に出された，今日解いている問題と似た問題を解けるとは限らない。なぜ，その式になるのか。その理由をこの問題場面に沿って理解していないからである。

答えの説明を聞くということは，答えがわかることだけでなく，答えがどのように導き出されたのか理解することも求められる。それだけではない。今日出た問題の似た問題についても自分で解けるようになることも目的に含まれる。

また，説明をする子供にとっても，相手がわかるように説明できることは大切である。さらに，相手が何がわからないのかを知って，その子にわかるように説明できるようにもなってほしい。

社会に出ると，自分の専門以外の人にわかりやすく説明することが必要になる場面が数多くあるからである。

算数が苦手な子供が「わからない」と言うのは，どうやったら答えが出るかという手続きなのではなく，なぜそういうことをする必要があるのかといった意味や目的であることがある。とすると，苦手な子供でも意味がわかる図などを学級全体に前もって示しておくことが大切である。学級で共通に，同じ図を根拠に説明をすることができるからである。前もって教材研究して，子供が友達に説明することができるような図は何かを考えておくことが大切である。

― 4 ―
学級全体で学び合う授業のポイント

先日，高知県南国市立大篠小学校の3年生の竹平美佳先生の学級では植木算の問題をしていた。「12mの間隔で道に沿って木が植えてあり，1本目から8本目まで走るとき，実際何m走ることになるか」という問題である。

この授業では，多くの子供たちが12×8と立式する。そこで授業では，なぜ12×7になるのかということを，全ての子供たちが理解できることが目標になる。

授業を見せていただいたときは，個人で解決する時間が終わろうとしていた。そこで，私はまず子供たちがどのように解決をしているかを知るために，子供たちのノートを見て回った。すると全ての子供のノートに8本の木が書いてあり，そのうち多くの子供のノートに12×8と書かれていた。つまり，このクラスの子供たちは，8本の木を書いたにもかかわらず，間が7つあることに気が付かないで，12×8と式を立てていたのである。

そこで先生は，まず式だけを発表させた。

「12×8です」「いいです」「同じです」。

「別の考えがあります。12×7です。間が7つだからです」。

先生は「12×8」と「12×7」を板書し，どっちなんだろうという顔をした。

「あっ，12×7 だ」と A 子がつぶやいた。「間が 7 つだからだ」。
「A 子ちゃん，前に出て説明してくれない」。先生が指名した。
A 子は，黒板に書いてある木の間を指さし，間が 7 つあると言った。
「あっ，そういうことか」と，2，3 名の子供がつぶやいた。
先生はその中の B 男に「黒板に書いてくれませんか」と言って，赤いチョークを手渡した。
B 男は，木と木の間に，チョークで印を書いていった。
「1，2，3，4，5，6，7。間は 7 個です」。
「ああそうか」「12×7 だ」。
何人かの子供たちは，下を向いて鉛筆を動かしている。きっと，自分のノートに書いてある木の間を実際に数えたり印を付けたりしているのだろう。
教頭先生は，私に「次の教室に行く時間です」と告げた。もっと見ていたいのに残念。
竹平先生の指導はすばらしい。子供たちが次々に自分なりに説明していく中で，「なるほど，そうか」がクラスの中に広がっていく。
前に出て話す子供は，最初から論理的に説明できる必要はない。繰り返し子供が自分の言葉で説明する中で，クラスの他の子供たちは，だんだん 12×7 が正しいことに気付いていくからである。
しかも先生はさりげなく，子供たちが気付きやすくなる工夫をしている。前に出て説明させたり，チョークを使って黒板に書いてある図に書き加えを促したりしているのである。この視覚的な支援によって，子供たちは気付いていくのである。
さらに，子供たちのノートには，8 本の木がもともと書いてある。子供たちは，自分の気付きを自分のノートで実感的に確認することができるのである。
たった 3 分しか見ることができなかったけれど，先生の授業のすばらしさを感じることができた。放課後，感想を先生方にお話しさせていただいた際，竹平先生のすばらしさを授業中撮った写真とビデオで紹介した。
同じ学年の先生が夜の会で裏話を教えてくださった。以前，木を 8 本書いたら，みんな×7 とわかってしまうので，最初から黒板に書いてはいけないという指導を受けたという。実際にその通りやった数日前の他のクラスの研究授業では，「12×7 です」とある子供が発表しても，聞いている子供たちは，なかなか「×7」の意味が理解できなかったのだそうだ。
第 3 学年の学年団で相談して，一般論ではなく，自分の学校の子供たちの実態から，何をすることが大切なのかを考えて，今日のこの授業になったのだ。先生の授業のすばらしさは，学年団の話合い，子供の実態を踏まえた教材研究によって支えられていたのである。
4 年生の授業では，50m は 20m の何倍かを図に表して考える授業を見せていただいた。先生は子供たちに図を任せていた。すると，50m と 20m の長さの割合が合っていない図をかく子供たちが何人もいた。この授業では，20m を 1 にすると 50m をいくつと言えるかを考えることがポイントになる。とすると，図の正確さは大切だ。

個人解決の前に「20mは2cmで表しましょう。50mは何cmに表せばいいでしょうか。5cmですね。ではそのようにノートにテープ図をかきましょう」と丁寧に指導したのち個人解決に入る必要がある。このような支援があって初めて学び合いが成立するのである。

　他の日，横浜市立川上北小学校の元田光二先生の横浜市立岸谷小学校で行った2年生の九九の拡張の場面の飛び込み授業を見せていただいた。

　最初に黒板に大きく書かれている九九表を基に，十の段を子供たち全員と確認しながら書き足していった。そして「十の段の秘密を探ろう」と声をかけた。

　「一の段に○を付ければいい」「九の段と一の段を足した数になっている」。

　先生はさも驚いたように表情豊かに「本当かな？」と子供たちに問い返した。「×5のところで試してみよう」と九九表に書き込みながら確認する。この授業では，九九表が子供たちの共通の根拠になっている。

　こののち「×9のところでも試してみよう」と今度は数人の子供たちに「×9」のところを説明させた。「9と81を足したら90になります」。先生は，その説明を聞いているクラスの子供たちの様子をよく見ていて，全員が「本当だ」という顔をしたのかをしっかり確認したのち，こう言った。「本当だね。本当にそうなっているね」。

　先生が「本当だね」と言ったら，子供たちの思考は止まる。まだ「本当かな」と思っていた子供も，それが正しいと受け入れてしまう。だから先生の「本当だね」という言葉を言うタイミングが大事である。先生は子供たちの一番最後に納得する人になってほしい。

　子供たちが学び合う授業を行うためには，教師が授業中，算数が苦手な子供が何を考えているかを意識しながら授業を進めることが大切である。

　特に，ある子供が発表をしている最中と発表後に，教師は何をするとよいのだろうか。発表している子供を見てうなずきながら聞くのがよいのか，発表を聞いている子供の様子を見ているのがよいのか。また，子供の発表後になんと言ったらよいのだろうか。

　答えは1つではない。発表している子供の内容と，聞いている子供の様子で変わるからである。私は，今，この部分に注目して授業を見せていただいている。

―5―
学び合いで解消されないある子供のつまずき

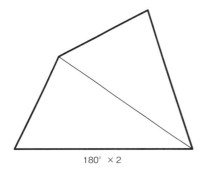
180°×2

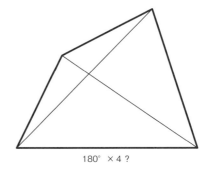
180°×4？

「対角線を引くと四角形の中に三角形が2つあるから，四角形の4つの角の和は360度です」。

そのとき，ある子供は四角形に対角線を2本引いていた。そこで友達に聞いてみた。「三角形が4つあるから720度じゃないの？」「対角線を2本引いたからいけないんだよ。いいからこの式を写しておけよ」。

三角形の1つ1つの角に着目した説明をしさえすれば，この子の疑問は解決できたはずなのに，残念ながらその友達はそういう説明はできなかった。

子供たちが，新たに出合った問題を解決しているとき，その問題がすぐに解ける子供もいれば，なかなか解けない子供もいる。そこでわからない子供から解けた子供に，どうやって解いたのかを質問をする。

自分がわかりたいと思って主体的に聞く。これは素晴らしいことだ。そして，友達の説明を受けてわかったとすれば，それはとても素敵なことである。友達と協働的に学習してよかった。説明した友達も，友達にわかる説明ができてよかった，と共に幸せをもたらすからである。

そのときの子供が説明している様子を見ていると，「三角形が2つあるから180×2です」と，その式で答えを求めることができるのか，自分がわかっている範囲で説明しているのに過ぎないことがある。「三角形のそれぞれの角を合わせると，ちょうど四角形の角にあたる」ことに，説明している友達も気付いていないのである。

180×4という考えはどこがいけないのか。その説明がグループの友達ができないのであるならば，教師の出番である。クラス全体の場でそのつまずきを取り上げ，クラスの子供たちの力を結集して，どう考えればよいのかを検討することになる。

具体的には，四角形の図に三角形の1つ1つの角の印を書いて，余分な角があることを説明することになる。そしてわからなかった子供が，「あっ，そうか！」と顔が明るくなったことを確認する必要がある。

教師は子供たちが学び合っていることに真剣に耳を傾け，グループでの子供の学び合いが，本当に算数が苦手な子供のためになっているか確認することを怠ってはならない。

ALを考える 3
数学的な考え方を育む学習指導の在り方と留意点
──ねらいと振り返りに着目して

「小学校学習指導要領 総則」に書かれているように，各教科等においては，基礎的・基本的な知識や技能を習得するだけでなく，課題を解決するために必要な思考力，判断力，表現力その他の能力を育成することが求められている。算数科における思考力，判断力，表現力は，数学的な考え方である。ということは，数学的な考え方を育む授業においては，初めて出合った問題を解決することができるようにすることが求められていることになる。つまり，数学的な考え方を育む授業においては，教師が問題の解き方を教えなくても子供が問題を解くことができるようになることを目指した授業が行われなくてはいけない。とすると，教師が問題の解き方を教える前に，実際に子供たちに考えさせることが必要になる。

算数科における評価の観点「数学的な考え方」の趣旨は，次の通りである。

「日常の事象を数理的にとらえ，見通しをもち筋道立てて考え表現したり，そのことから考えを深めたりするなど，数学的な考え方の基礎を身に付けている」。

この数学的な考え方を育む授業について，第2学年の次の問題を例に考察する。

── 1 ──
「39－15の計算の仕方を考えよう」とは

問題場面は，次の通りである。

「けんじさんは39円持っています。15円のふがしを買います。残りはいくらですか」。

この問題に対して，式を立てることは2年生の子供にとって既習である。なぜなら，残りを求める計算がひき算であることは1年生で学習しているからである。そこで「39－15」という式を立てることができる。ここで「39－15」という式を見た子供たちは，あっと驚くであろう。「39－15なんていう計算はしたことがない！」。

そこで，「39－15の計算の仕方を考えよう」ということが学習のねらいとなるのである。

ここで，「39－15の計算の仕方を考えよう」とは，どういうことだろうか。

このねらいは，次の3つのねらいに分けることができると考えられる。

> a．39－15の答えを出しましょう。
> b．39－15の計算は，どのようにすればよいか考えましょう。
> c．39－15のような2桁－2桁の計算は，どのように計算したらよいのか考えましょう。

　子供にとって，39－15の計算は初めてする計算である。だからまずはこの時間，答えを出すことができれば，それは素晴らしいことである。ということは，答えが出た子供にはまずは褒めてあげたい。

　このとき，この答えを出す方法は多様である。素朴ではあるが残念ながら間違いやすい方法や書くのが大変な方法，この場合は使えるけど，他のときには使いづらい一般的ではない方法などもある。

　例えば，図1のAのように○を39個書いて，そのうち15個を黒く塗って，残った○の数を数えるという方法は，第1学年の8－3のときの答えを出す考え方を使っているが，数が多くなると数え間違いをしやすい方法である。第1学年では，その後の単元「100までの数」で，⑩ごとのまとまりをつくって数えるとよいことを学習してきている。そのため，同じように○を39個かく場合でもBのように表す子供もいる。この書き方は素晴らしい。全体が39あることも，ひく数が15であることも，答えが24であることも一目でわかる。

　しかしこの方法は，似た問題である57－24を計算するときは面倒である。○を57個も書かなくてはいけなくなるからである。とすると，Cのように⑩と①で表現して答えを求める子や，Dのように式で答えを求める子を発表させ，これらの方法の素晴らしさに気付かせたい。

　つまり，授業の中では，それぞれの子供たちが自分の答えを出した方法よりよい方法で答えを出している発表から学び，次に似た問題を解くときはその方法で解くことができるようになってほしい。

　すなわち，よりよい方法について考えることが学習のねらいに含まれることになる。

　さらにこの1時間は39－15だけ計算できればよいのではない。繰り下がりのない他の57－24などのような二位数同士のひき算もできるようになることが求められていると考えられるからである。とすると，いつでも使える方法はどれか，結局何がこの計算のポイントなのかを考えることもねらいに含まれてくるのである。

　授業では，BやCやDの方法の共通点を見付け

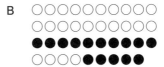

D　30－10＝20
　　9－5＝4
　　20＋4＝24

図1　いろいろな計算の方法

ることで，どれも十の位と一の位に分けて同じ位同士で計算しているということに気付くことができる。

まとめると，「39－15の計算の仕方を考えよう」という学習のねらいに対するまとめは，例えば，それぞれ次のようになる。

a．39－15の答えを出しましょう。→○答えは24でした。
b．39－15の計算は，どのようにすればよいか考えましょう。→○ 30－10と9－5で計算すればいい。
c．39－15のような2桁－2桁の計算は，どのように計算したらよいのか考えましょう。→○十の位と一の位に分けて計算するとよい。

最後の「十の位と一の位に分けて計算するとよい」ということが，本時の学習のまとめになる。このように学習のまとめは，答えを出した方法を子供たちが振り返り，伝え合い学び合ったことから生まれてくる。つまり，言語活動を通して個人の考えや集団の考えを発展させているのである。算数の授業では，問題の答えを出すことだけで終わってはいけないのである。答えを出した後にすることがあるのである。答えを出した方法を吟味し，よりよい方法を学び，いつでも使える一般的な方法に高めたり，問題を解くポイントをまとめたりすることまで行うことが大切である。

― 2 ―
学習を振り返る

このように，学習のねらいに正対した学習のまとめを見いだすことも振り返ることの1つである。しかし，これだけで終わってはいけない。

というのは，実際に子供たちが，よりよい方法で問題を解くことができるようにならなければいけないからである。とすると，最初に考えた問題と似た問題を実際に子供たちが解くことも，学習を振り返る上で必要なことになる。例えば，「57－24の計算を自分がよいと思った方法で解いてみましょう」と言って解かせるのである。

Bのように○を39個書いて答えを求めた子が，57も○を書くのは大変だと思い，Cのように書いて答えを出すことができたら，それは素晴らしいことである。というより，教師はそうなることを願って，話合いをしているときには，Bの解き方で解いていた子供がCの発表を聞いたときに，「なるほど」と思ってくれているのかなと気にしながら授業を進めなくてはならない。もし注意が向いていなかったら，他の子供にもう一度発表させたり，その発表した内容を隣の子供同士で話をさせ，そのよさは何かを考えさせたりすることが必要となる。

また，友達の方法を聞いて理解したとしても，なかなか自分がした方法を変えようとしないのが普通である。だとしたら，友達の考えを聞くだけではなく，ノートに写させたり，他の数値を変えた問題を友達の方法で解かせたりすることで，そのよさに気付かせることも必

要である。さらに，A，B，Cなどの図の考えで答えを求めた子供は，Dの式という少し抽象度の高い方法をなかなか理解できないものであるである。そこで「BやCの図の中に，Dの30-10や9-5はありませんか」などと問い，実はBやCの考えはDと同じであることに気付かせることも大切である。

さらに時間があれば，1時間の学習を振り返り，授業の感想を書かせてもよい。それもAの子は「⑩のまとまりを考えるとよかったです」。Bの子は「⑩や①を使うと書くのが簡単になりました」などと，よりよく解決する際の方法や着想について感想を書いてくれることを期待してのことである。つまり学習感想は，子供の個人解決の様子によって異なるのが普通である。

ということは，研究授業などで学習指導案を書く際は，子供の実態を予想し，個人解決の様子を書くだけでなく，評価問題を具体的に解いた様子も書くことが必要になるし，個人解決のそれぞれに応じた最後の学習感想もあらかじめ予想しておき，そうなるように言語活動を仕組むことが大切になる。

つまり，「振り返る」とは学習のねらいに対して，学習のまとめをすることだけではなく，実際に似た問題を解いてよりよく解けるようになったことを実感することと言える。自分なりに大切だと思ったことを書き留めておくことなども含まれることになる。

以上のことをまとめると，数学的な考え方を育てる授業は図2のようになろう。

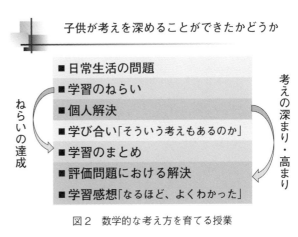

図2 数学的な考え方を育てる授業

― 3 ―
学習のねらいを明確にする

ここで，日常生活の問題を解くこととその学習のねらいについて，さらに考察を深めていこう。先にも述べたように，学習のねらいは問題を解けることではないことの方が多いからである。最初に取り上げた問題「けんじさんは39円持っています，15円のふがしを買います。残りはいくらですか」の場合は，「39-15の計算の仕方を考えよう」だった。式が39-15であることは，子供にとって既習だが，39-15という式を計算することは未習だったからである。

では，同じ第2学年で学習する次の問題の場合はどうだろうか。

「リンゴが初めにいくつかありました。5個もらったら12個になりました。りんごは初め

にいくつありましたか」。

この問題で子供は，式が12＋5なのか，12－5なのか迷う。「もらったら」というように増えることを示す言葉があるため，たし算であると勘違いするのである。

一方，12＋5なのか，12－5なのか決まりさえすれば，後の計算は1年生で学習済みの計算である。このことから，この問題のときの学習のねらいは，「計算の仕方を考えよう」ではないことがわかる。

「答えを求める式はどちらが正しいのか，図をもとに説明しよう」となる。その後の展開は省略するが，まとめとしては例えば，「図に表してから式を書くとよい」「わからない数については□に表しておくとよい」「問題場面にそって図を書き加えていくとよい」などとなるだろう。

さらに言えば，この時間を通して，ひき算が用いられる場合が広がったことになることも学習のまとめとして付け加えてもよい。今までは，ひき算は，残りを求める場合と2つの数量の差を求める場合があった。それだけではなく「数量の関係は加法の形であるが，計算は減法を用いる場合」があることを学ぶことになる。

全国学力・学習状況調査でも，計算はできるが，式を立てることが苦手であることが明らかになっている。例えば，平成24年の算数Aの③の問題は次のように書かれている。

「赤いテープの長さは120cmです。赤いテープの長さは，白いテープの長さの0.6倍です。白いテープの長さを求める式を書きましょう」。

このとき，正解である120÷0.6の反応率は41.0％であり，120×0.6とした反応率の48.6％より少なかった。これは，「どちらの式が正しいのかを判断しよう」という授業ねらいがふさわしいにもかかわらず，式を立てることを重視せず「120÷0.6の計算の練習しよう」といった学習のねらいを立てる授業が少なからずあることに原因があるのではないかと考えられる。

つまり，教材研究をして，本時の学習のねらいは，計算の仕方を考えることにあるのか，式を立てることにあるのかを判断することがまず教師に求められることになる。

ここでのポイントは，本時で示された日常生活の問題に対して，何が子供にとって既習か，どこが未習かを教師が的確にとらえることができるかどうかにかかっている。

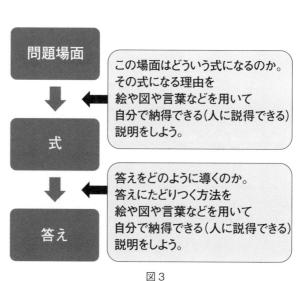

図3

数と計算領域の場合，低学年のうちはどちらかというと，「計算の仕方を考えよう」という学習のねらいが多いが，ある程度計算の仕方は学習済みになる高学年では，どちらかと言うと，「どのような式になるかを根拠をもとに説明しよう」ということが学習のねらいになることが多くなる。

　では，他の領域の場合では，どのようなことが学習のねらいとなるのだろうか。

　例えば，量と測定領域では，「（ある台形を示して）この台形の面積を求めよう」という第5学年の問題がある。このとき，示された台形の面積が求められさえすればよいのだろうか。そうではない。台形の面積を求めるときには，いろいろな方法が考えられるが，より簡単に求められる方法もあればそうでない方法もある。どんな台形でも使える方法もあれば，ある特殊な台形にしか使えない方法もある。とすると，先ほどと同じように，台形の面積を求めるよりよい方法を考えることも学習のねらいに含まれるはずである。

　さらに言えば，ある台形だけ面積が求められればよいのではない。他の台形も面積が求められることもねらいに含まれるはずである。

　普通は本時には含まず次の時間になるが，さらに台形の面積を求める一般的な方法を見いだすこともねらいに含まれるはずである。つまり，公式をつくることである。台形の面積を求めるよい方法にはある共通点があり，その共通点をもとに公式にするのである。公式を作る展開については紙幅の関係でここでは省略する。

　図形の領域の問題としては，同様に第5学年の合同で考えよう。例えば，「（ある三角形を示して）この三角形と合同な三角形をかこう」という問題場面がある。

　この場合も，実際にある三角形と合同な三角形が描けることだけが学習ねらいになるのではない。いくつかある描き方の中でよりよい描き方を見いだすこともねらいに含まれるし，よりよい描き方について，何がポイントかを見付けること，すなわち，3つの辺の長さがわかればよい等がわかることもねらいに含まれる。

　このように，算数の授業では多くの時間に最初に問題場面が出されるが，問題場面を解決することだけが学習のねらいになるのではないことを知り，学習のねらいを教材研究によって明らかにすることが必要である。授業の中では，子供と共に未習と既習を明確にしていくこと。さらに，よりよく問題を解決するには，どうしたらよいのかを考えることまで求められていることを少しずつ気付かせていくことになる。

ALを考える

4

算数科における課題を解決する学習過程の工夫
―学習過程を工夫する必要性と工夫の例

　「小学校学習指導要領　総則」に,「各教科等の指導に当たっては,体験的な学習や基礎的・基本的な知識及び技能を活用した問題解決的な学習を重視するとともに,児童の興味・関心を生かし,自主的,自発的な学習が促されるよう工夫すること」とある。

　算数科における問題解決的な学習の学習の過程の1つとして,「3　数学的な考え方を育む学習指導の在り方と留意点―ねらいと振り返りに着目して―」の中で,数学的な考え方を育てる授業における学習過程を挙げた（p.25図2参照）。

　このとき,このような学習過程を追いさえすれば,子供たちは自然に数学的な考え方が身に付くと考えている先生がいる。「私は,問題を黒板に書いて提示し,わかっていることと聞いていることに線を引かせ,学習のねらいを板書し,個人で問題に取り組ませ,隣同士で伝え合いをさせ,クラス全体で考えの共通点を問い,子供の言葉をもとに学習のまとめをして,最後に練習問題を解かせました。何が悪かったのですか」と思っているのである。

　今まで,「先生がやり方をわかりやすく教えて練習させる授業」しか行ってこなかった先生は,どのような授業をすれば子供に数学的な考え方を育成することができるのか,そのノウハウが知りたいのである。そして,その通りに教えさえすれば,子供が数学的な考え方を身に付けることができると思っているのである。しかし,問題をまず子供に解かせることから始める授業では,子供が最初に問題を解く際の解き方はクラスの実態によって多様である。子供の解いている様子が違えば,適切な指導が変わるのも当たり前である。とすると,こう指導しさえすればよいといった,1通りの指導の仕方を身に付けるだけでは,子供に合った指導ができないことになる。

　また,このときに育てたい子供の姿は,長い目で見れば,「生きる力」の中で述べられている,自分で課題を見付け,自ら学び,主体的に判断し,行動し,よりよく問題解決する子供である。また,今後求められるであろう資質・能力から考えれば,自立した人格をもつ人間として,他者と協働しながら,新しい価値を創造する子供である。これらのことを,算数の問題解決としてとらえ直せば,問題を主体的にとらえ自ら考え,さらに協働的に問題を解決し,学習を振り返ることで,解決のポイントや数学的な概念を見いだし,同じような問題に対してよりよく問題を解くことができるようになる子供を育てたい。

　ところが,教室での子供の様子を参観していると,次のような子供がいることがある。個

人解決の際，隣の子供がノートに書いたものをそっと見て写し，学び合いの際も問題の答えが合っているかどうかのみに関心があり，間違えていたら消して書き直し，合っていたら安心してしまい友達の話を聞かない子供である。

　授業で大切なのは，教師の指示通りに問題解決の過程を子供に追わせることではなく，子供が主体的に問題に取り組んでいく中でこの過程を経験することである。このような問題解決の過程を繰り返し経験した子供は，「先生にやり方を教えてもらったから問題が解けるようになった」という思いから，次のような思いに変わっていくことが期待される。

> ①自分で考えて問題が解けるようになりたい。自分が考えて解けるとうれしい。自分で考えればできる。（自立）
> ②自分だけが問題が解ければよいのではなく，クラスみんなが解けるようになりたい。そのために友達がわかる説明ができるようになりたい。逆に，自分がわからないときはわからないと積極的に言おう。言えばクラスの友達がきっとわかるように説明してくれる。（協働）
> ③クラスのみんなで考えれば，自分の考えもクラス全体の考えもよりよくなる。また新たな考えも発見できる。（創造）

　前置きが長くなったが，本稿ではこの学習過程を通して授業を行う際，子供が主体的に問題を解決していくようにする工夫や，学習する内容やクラスの子供の実態に応じて行う工夫のいくつかの例について述べる。

―1―
日常生活の問題の提示の仕方を工夫しよう

　多くの算数の問題は，文章で示されることが多い。授業では，その問題を教師が黒板に書き，子供にノート写させることが行われている。というのは，子供のノートに式と筆算と答えしかなかったのでは，後に学習を振り返り，ノートを見直したとき，どういう場面のときにこのような式になったのか，その理由がわからなくなるからである。つまり，このような指導は，問題場面を式に表すことが学習のねらいとなるとき重要となる。

　例えば，次のように工夫している授業がある。

　問題の提示を言葉で書くことから始めるのではなく，教師が場面を演示したり，具体物や絵や図を使って場面を表すことから始めるのである。そして今したことはどういうことだったのかを子供に発表させ，その言葉を基に今日考えたい問題をまとめていく。具体的な場面の演示を見ることで，子供たちが場面を直接把握できるというよさがある。

― 2 ―
学習のねらいの提示の仕方を工夫しよう

「今日の学習のねらいはこれです」と先生が書いて，今日はこれを考えようという授業を見かけることがある。そうではなく，子供たちがそのねらいが大切なのだと思えるように工夫したい。

例えば，子供たちに実際に問題を解かせて，その中で学習のねらいに気付くようにすることが考えられる。「解き始めてみたら，ここがよくわからなかった。今日の問題がよりよく解けるようになるためには，問題のこの部分がよくわかるようになることがポイントだ。だから，このことについて考えよう」と学習のねらいをもたせるのである。

例えば，第2学年の「39円もっていて，15円の物を買ったら残りはいくらか」という問題では，39−15と式を立てることは既習であるが，この式の計算はしたことがないことに気付くので，「計算の仕方を考えよう」という学習のねらいが子供のものになる。また「はじめにいくつか持っていて，5個もらったら12個になった。はじめにいくつ持っていたのか」という問題では，式を立ててみたら，12＋5という式を立てた子供と，12−5という式を立てた子供がいた。そこで，「どちらの式がいいのかを図をかいて考えよう」という学習のねらいが明確になる

また，場面を提示した際，既習と未習を整理することも有効である。

例えば，第5学年の台形の面積を求めるときのように，教師が本時で面積を考えたい台形を示すことで，子供が前時までとは面積を求める形が違うということに気付き，このような台形の面積はすぐには解けそうにないことから，このような台形の面積を簡単に求められるようになろうという学習のねらいに気付くのである。

一方，第3学年のわり算の導入では，例えば，次のような問題を考える。「12個のあめを3人で等しく分けたら1人分はいくつですか」。この場合は，この問題が解けることが本時のねらいであると考えられるが，よりよい方法を用いて答えを求めることもねらいに含まれるだろうし，示された問題に似た問題（あめが15個のときなど）について解けるようになることもねらいに含まれるはずである。とすると，最終的な学習のねらいは，「示された問題に似た問題がよりよく解ける」ことになるはずである。

とすると，はじめはおはじきを使って答えを求めたけれど，いつでもおはじきが手元にあるわけではない。その場合は，どうしたら答えを求めることができるのかを考えようという思いを，子供から導き出させる工夫が必要になる。また，12個のときだけでなく，その他のときでも考えたいという思いを子供がもつような工夫も必要となる。

―3―
子供の個人解決の様子を観察して,学び合いの仕方を変えよう

個人解決の際,子供たち全員が素朴に解いていることがある。本時ねらいとする考えを見いだしていないことがある。

例えば,第1学年の繰り下がりのある計算の仕方を考える場面である。13−9の計算の答えを計算ブロックを使って見付けている。ところが個人解決の際,全員が,1,2,3,…,9と9個を1つずつ数えて取って答えを求めていた。数え引きをしているのである。このときすぐに学び合いに入るのではなく,続けて12−9,14−9なども計算させることが大切である。すると,毎回1個ずつ9個を取っていた子供の中から,10のまとまりから1を外して9にする方法を行う子供が出てくる。減加法の考えである(図4)。そこで,その子にどのようにしたのかを全体の前で発表させ,その考えのよさを広めるのである。

このように本時のねらいから見て,子供たちに気付かせたい考え方に多くの子供が気付いていないときは,繰り返し似た問題を出すことなどをして,子供たちが工夫したいと思うようにすることなどが必要になる。

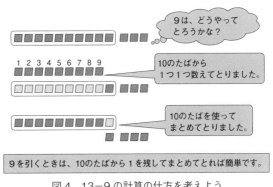

図4　13−9の計算の仕方を考えよう

―4―
子供たちの理解の様子を観察して,似た問題を解くことを行おう

ある子供がクラスの子供たちの前で発表して終わったとき,「何か質問はありませんか」「なければ拍手」と進んでいく授業がある。このとき,聞いている子供が「○○ちゃんは頑張ったのね。すごいね」と人ごとになってる。クラス全体の前で発表するのは,「その考えを聞いている子供たちに学んでほしい」「いい考えだから真似してできるようになってほしい」という願いがあるはずである。

しかし,子供たちは友達の話を聞いただけではなかなか理解できないし,ましてや真似してできるようにもならない。

とすると,発表している子供の考えのポイントを教師が板書したり,その子供の考えを写させたりすることが大切になる。さらにそれだけでなく,実際にその考えのよさを実感させるために,似た問題を繰り返し出し,実際にその考えで解かせてみることも必要である。

ALを考える 5
算数科における「見通す・振り返る」学習活動

― 1 ―
見通しを立てたり振り返ったりするとよかったという経験を積み重ねる

　0.75＋0.9の計算が，平成25年度の全国学力・学習状況調査で出題されている。その答えを，小数点をそろえるのではなく，筆算で末尾をそろえて計算したのであろうと思われる0.84などとしている子供が14.5％いる。たし算をしているから，少なくとも0.9より大きくなるはずであると見通しをもって取り組んでいたら，0.84は0.9より小さいから変だと気付いたはずである。

　9.3×0.8もそうである。74.4と小数点の位置を誤っていると考えられる解答が7.5％あった。答えを出してから結果を振り返り，9.3に1よりちょっと小さい0.8をかけたのだから，積は9.3よりちょっと小さくなるはずであると考えていれば，このような間違いは防げたはずである。

　このように算数の学習では，見通しをもって取り組んだり振り返ったりすることが大切である。

　先日参観した，第3学年の分数のたし算の計算の仕方を考える授業では，「$\frac{3}{5}$Lのジュースと$\frac{1}{5}$Lのジュースを合わせたら何Lになりますか」という問題に取り組んでいた子供の何人かが，$\frac{4}{10}$Lと答えを出していた。子供にとって分数のたし算をするのは初めてなので，分母もたした答えを出したとしてもそれは素直な考えである。例えば，5人中3人が大人のグループと，5人中1人が大人のグループを合わせると10人中4人が大人のグループになることを思い浮かべたらこの計算でもよいのではないかと思える子供がいても不思議ではない。

　また，答えは$\frac{4}{10}$Lと言われたら間違いであるが，2Lの$\frac{4}{10}$ですと言われたら正しい量は示していることになる。「何Lですか」という問いに正対していないだけである。

　そこで本時は，答えが$\frac{4}{10}$Lではいけないことをいろいろな方法で説明し合うことが主な活動となる。

　このとき「1Lの半分より多かったのに，合わせたら1Lの半分より少なくなったから変だ」と言える子供になってほしい。このように言える子供は量感がある。ところが，このような考えに気付かない子供も多い。

そのため教師は，具体物や面積図などを出して視覚的にとらえさせ，クラス全員が気付くようにすることが大切である。そして，このように大きさや量の感覚をもち，計算の結果を振り返り，間違いかどうかを判断することのよさを子供たち全員に感じさせたい。また計算する前に，たし算だから大きさは元の数より大きくなるといった見通しをもって取り組むことの大切さに気付かせたい。

― 2 ―
算数科における見通し

　子供が問題を解決するための新しい方法をつくり結果を得ようとするとき，見通しをもち筋道を立てて考えることが必要になる。解決のための方法や結果についての見通しをもとうとするとき，問題の個々の要素や全体的な状況を観察したり，自ら試行・実験をしたりすることが役立つことが多い。また，いくつかの具体例を調べて共通性を見付けるという帰納的な考えや，類似の場面から推測するという類推的な考えを用いることもある。見通しをもつことは，問題の解決を適切にまた，合理的に進めていく上でも重要なものである。

　先の分数のたし算では，たし算の答えという解決の結果を見通す例である。

　そして，もう1つ重要なのが，解決のための方法を見通すことである。

　『言語活動の充実に関する指導事例集【小学校版】』には算数科の事例5として第4学年で和が1より大きくなる分数のたし算の例が載っている。$\frac{3}{5}$Lと$\frac{4}{5}$Lを合わせる場面である。このときも，先ほどと同様に$\frac{7}{10}$Lか$\frac{7}{5}$Lで議論が起こる。子供たちはこのとき，それまでの分数についての学習で使われた液量図やテープ図に表して考えようとする。数や式で考えるより，液量図やテープ図は実感的にとらえやすいからである。この「図に表して考えたらよいのではないか」というのが，解決のための方法の見通しである。

　例えば，第4学年の単元「変わり方」だったら「表にしたらよいのではないか」。第5学年の単元「三角形と四角形の面積」だったら「長方形や平行四辺形など，既習の面積が求められる形に変形したらよいのではないか」，そのために「今ある図形を切って移動させるとよいのではないか」「もう1つ同じ形をもってきて組み合わせたらよいのではないか」などが方法の見通しとなる。

　単元「変わり方」や「三角形と四角形の面積」では，このような方法が毎時間使える。とすると，このように方法の見通しをもって取り組むと，新しい場面に出合っても解決できるということを感じることができる。つまり，見通したことのよさを実感できるのである。

― 3 ―
振り返る活動ですべきこと

　さて，先ほどの分数の場面に戻って，今度は振り返る活動について考察する。

　ここで大切なことは，本時の学習のねらいが何で，評価の観点や評価規準は何かというこ

とである。この時間の評価規準は「同分母の分数のたし算の計算の仕方を考えている」ということになろう。評価の観点は，数学的な考え方である。

算数科における評価の観点「数学的な考え方」の趣旨は，前述の通りである（p.22）。

本時では，子供たちはどのように考え表現したり，そのことから考えを深めたりすることができるとよいのだろうか。

そこで，振り返る活動を記述する前に，授業の発表の場面から述べることにする。

A児が次のような図（資料1・ア）をかいて，全体を10個に分けたうちの7つ分だから答えが $\frac{7}{10}$ であると述べたとする。

一方，B児などは数を用いて「$\frac{3}{5}$L と $\frac{4}{5}$L はそれぞれ $\frac{1}{5}$ が3個と4個です。だから合わせて $\frac{1}{5}$L が7個あることになるので $\frac{7}{5}$L です」と答えを出している。

このとき大切なことは，数で考えた子供の考えを図に表させることである。A児の図にB児の考えを表させるのである。参観した授業では，ある子供が図（資料1・イ）のようにA児の図に書き加えていた。すると最初，資料1・ウのように書いていたD児も資料1・エのように自ら書き加え，答えが $\frac{7}{5}$L であると説明したのである。

このような話合いを受けて，答えは $\frac{7}{5}$L であることが確定した。この授業のねらいがこの問題が解けることならこれで終わりである。しかし，算数の授業のねらいは，この与えられた問題が解けることではない。この問題に類する問題が，よりよい方法で解けるようになることが求められているのである。とすると，答えが出たからといって安心してはいけない。解法を振り返り，何が大切なのか，今後はどういうように計算するとよいのかをまとめることが求められる。これが，算数の授業における振り返る活動である。

多くの場合，$\frac{3}{5} + \frac{4}{5} = \frac{7}{5}$ と式に表し，結局，「分数のたし算では答えが1を超える場合でも分母はたさないで，分子のみたすとよい」ことをまとめることになる。分数のたし算の計算の仕方を知識として端的に表したものである。

けれども，このときの授業で大切なことはこれだけではない。

$\frac{1}{5}$L がいくつかと考えることで正しい答えが導き出せたこと。B児やD児が最初に書いた図では，

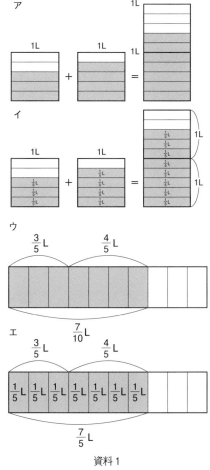

資料1

たす前とした後で，1に当たる大きさが変わってしまっていたので正しく答えられなかったこと。「何Lですか」と聞かれたら，1Lを基に考えることが必要なことなど，子供たちがつまずいたことに応じて，この授業で理解してほしいことはたくさんある。

特に分数を，量の大きさを表しているものとしてとらえることと，全体の中の割合を表しているものととらえることといった意味の違いに気付き，これらの意味を適切に使い分けられるようになることも大切なこととして，まとめておきたい。第5学年で2Lを3等分した大きさを $\frac{1}{3}$ L と考えるのも，同じように分数の意味を適切に使い分けることができないことに原因があるからである。このようなことをまとめることが，振り返る活動である。

けれども，さらに次のようなことも考えさせたい。それは適切な適用問題，評価問題，活用問題に取り組むことである。

というのは，このような話合いは，クラスの全ての子供が参加しているわけではない。ともするとクラスの算数の得意な一部の子供だけが話し合っていることもある。そこで教師としては，積極的に発言していない子供たちが，これらの内容を本当に理解しているのかを確認する必要があるのである。

―4―
似た問題に取り組み，理解を確実にする

さて読者の皆さんは，この授業において，最後にどういう問題を子供たちにさせるとよいとお考えだろうか。次にいくつか例を挙げるので考えてほしい。

① $\frac{5}{7} + \frac{4}{7}$ の計算をしましょう。

② $\frac{5}{7}$ m のリボンと $\frac{4}{7}$ m のリボンを合わせると何mになりますか。

③ $\frac{5}{7} + \frac{4}{7}$ の計算の仕方を考え説明します。次の空欄に数を入れて説明を完成させましょう。
$\frac{5}{7}$ は（　）が5つ分の大きさです。また $\frac{4}{7}$ は（　）が4つ分の大きさです。
合わせると，（　）が5＋4で（　）つ分になります。だから答えは（　）です。

④ $\frac{5}{7} + \frac{4}{7}$ の計算の仕方を図にかいて説明しましょう。

⑤ $\frac{5}{7} + \frac{4}{7}$ の計算の仕方を考え説明しましょう。

⑥次のような図（資料2）をかいて，$\frac{5}{7}$ L と $\frac{4}{7}$ L を合わせた答えを $\frac{9}{14}$ L としている子供がいます。あなたはその子供にどのように説明しますか。その子供にわかるように説明をかきましょう。

今日の授業のねらいが数学的な考え方にあるとすると，①や②が最後にさせたい問題となるのではない。③から⑥までいろいろ考えられるが，クラスの子供の実態に合わせて工夫してほしい。さらに高学年になれば自分で似た問題を作成して，解いたり解き合ったりするという活動もできるとよい。

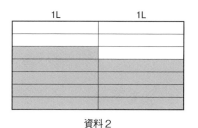

資料2

ALを考える
6
考えが深められたかを評価する

―1―
算数科における思考力・判断力・表現力の育成

　各教科等においては，基礎的・基本的な知識や技能を習得するだけでなく，これらを活用して課題を解決するために必要な思考力，判断力，表現力その他の能力を育成することが求められている。算数科における思考力，判断力，表現力を育む授業においては，初めて出合った問題を解決することができるようにすることが求められていることになる。つまり，教師が問題の解き方を教えなくても，子供が問題を解くことができるようになることを目指した授業が行われなくてはいけない。とすると，先生が問題の解き方を教える前に，実際に子供たちに考えさせることが必要になる。

　算数科における思考・判断・表現の評価の観点は「数学的な考え方」であり，繰り返しになるがその趣旨は次の通りである。

　「日常の事象を数理的にとらえ，見通しをもち筋道立てて考え表現したり，そのことから考えを深めたりするなど，数学的な考え方の基礎を身に付けている」。

　子供が考え表現し，さらに言語活動を通して考えを深める授業が求められるのである。

―2―
第4学年：面積を例に

　数学的な考え方を育む授業について，『言語活動の充実に関する指導事例集【小学校版】』に掲載されている「友達の考えを学び，隣同士で確認しあった後，よさを話し合う事例」を例に考察する。この授業は，算数科の研究授業としてよく取り上げられる，第4学年の単元「面積」における，長方形を組み合わせた図形の面積の求め方について考える授業である。この長方形を組み合わせた図形の面積の求め方については，第4学年の算数的活動の例として書かれている。

　「〔算数的活動〕(1) イ　長方形を組み合わせた図形の面積の求め方を，具体物を用いたり，言葉，数，式，図を用いたりして考え，説明する活動」

(1) 問題場面を提示して本時のねらいを明確化する

　「資料3の図形の面積を求めましょう」これが本時の問題である。本時までに面積の意味

や長方形や正方形の面積の求め方を学習し，長方形や正方形の面積の公式をつくってきた。しかし，このような形の面積を求めることは初めてである。そのため，この面積を求めることが本時の問題となるのである。

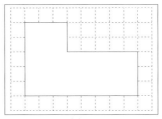
資料3

このとき，クラスの子供の実態に応じて，この形の提示の仕方は変更した方がよいときもある。というのは，前時までの学習が十分身に付いている子供にとっては，このような提示の仕方でも答えを求めることは簡単にできるが，長方形や正方形の面積の求め方を学習はしたが，確実に習得するに至っていない子供が多い場合は，資料4のように中にマス目を入れた図形を最初から全員に提示する方がよい。そうすることで，これらの子供はマスの数を数えると

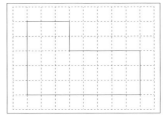
資料4

いった面積の意味を用いて答えを求めることができるからである。

その場合は，その後，どの解き方がよいかを検討し，マス目を数えるより，公式を使うほうがよいことに気付かせるのである。

つまり，本時のねらいには，「この問題の面積を求める」というねらいだけでなく，「面積を求める方法を検討し，よりよい方法で面積を求めることができる」ことが含まれる。

さらに言うと，よりよい方法というのは，「この形の面積を求めるよりよい方法」という意味だけでなく，「このような長方形を組み合わせたいろいろな形について面積を求める，よりよい方法」と言うように広がる。つまり「このような長方形を組み合わせた形の面積をよりよく求められるようになる」ことが本時のねらいとなるのである。

また，子供たちが考える図形についても，子供一人一人にこの図形をノートに書かせる，この図形を書いた紙を渡すなどの方法が考えられる。この図形を書いた紙を渡すと，子供の中にはこの図形をそのままノートに貼らず，この形に添って切ることで，具体物として考察することもできるようになる。

(2) 子供一人一人が自分の方法で，図を用いて，面積の求め方を考える

図形の中に方眼を示した形を渡したにもかかわらず，答えを求めることができないで，学習が進まない子供が多い場合，その子供たちを個別に指導していると時間がかかる。そこで，学習が進まない子供が多い場合は，例えば，黒板の前に集めて，小集団指導をするとよい。先生がその集団に一斉に助言をすることで時間が短縮できる。集まってきた子供に対しては1回説明を聞いて理解した子供はその段階で戻らせ，1回目ではよく理解できなかった子供のみを残して，より丁寧に助言を行う。例えば，言葉で説明する，図を書いて説明する，具体物を使って説明するというように，説明の仕方を徐々に具体化していくのである。

一方，1通りの方法で面積が求められた子供に対しては，1通り目とは観点を変えた2通り目の方法で面積を求めることができないかを考えさせることが大切である。

私が参観した授業の中で，1通り目が終わったら，言葉でその考えを書くように指導することを見かけることがある。そのような指導で書いた子供の文章は，「まず，この形を縦に切って2つの長方形にしました。右側の長方形の面積は3×5で15cm²です…」となるが，このように説明するための文章が書けることより，算数科としては，よりよく問題が解決できることが大切である。つまり，1通り目の解決ができた子供に対しては，2通り目の解決を考えさせる方が望ましい。

　またこのとき，教師が子供の解決の様子を見て回り，あっている子供には○を付けて回るという指導をされることもある。初めて見た問題を解く経験があまりない子供にとっては，○を付けてもらえると安心するからである。けれども，たとえ初めて見た問題であっても，将来は自分でその答えが正しいかどうかを判断できる子供になってほしい。そこで，1通りの方法で答えが求められたら，2通り目の方法で解決をして，答えが同じかどうか比べさせ，同じならばその答えの正しさが増したというように考えようという指導をしてはどうだろうか。もし，面積が違ったら考えを振り返り，どこかに間違いがあるかもしれないというように考えさせるのである。

(3) 全体の場で，考えを発表したり，友達の考えから自分が思い付かなかった面積の求め方を学んだりする

　子供たち一人一人が答えを出せたら次は学び合いの活動を行う。その目的は，自分が気付かなかった考え方を知り，よりよい面積の求め方を検討したり，実際によりよい求め方ができるようになることである。

　ここで，自分の考えに自信がない子供たちが，発表することをためらうのは当然である。そこで，まずそういう子供が多い場合は，隣同士で考えを説明し合う活動を行うとよい。

　隣同士で発表し合うことで，答えの正しさを確認し合え，安心できるというよさがある。考えを発表するときに，例えば資料5のように式だけで説明した子供に「5×3ってどのこと？」と気軽に質問することができるので，友達の考えが理解しやすいというよさがある。また，説明した子供も，資料6の説明のように，2つの長方形を①，②と名前を付けて説明した方がわかりやすいなと気付くことができる。

　このように隣同士で話し合う目的が明確である場合は，こうした活動を取り入れると効果的である。すぐに全体で話し合う方が効果的な場合もある。例えば，先の問題の場合，「長方形を付け足して全体を長方形にして考える」という考え方や，「移動して1つの長方形にする」といった考え方に気が付かない子供が多いときなどである。

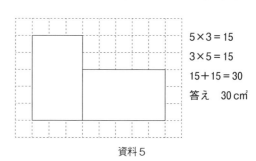

資料5

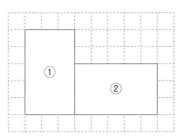
長方形①と②に分けます。
① 5×3＝15
② 3×5＝15
①＋② 15＋15＝30
　　　　答え　30㎠

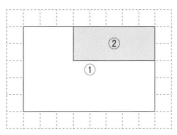
長方形を付け足して全体を
長方形にして考える。
① 5×8＝40
② 2×5＝10
①－② 40－10＝30
　　　　答え　30㎠

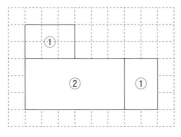
移動して1つの長方形にする。
①＋②
3×(8＋2)＝30
　　　答え　30㎠

資料6

― 4 ―
それぞれの考え方のよさに気付き，似た問題の解決に生かす

　次に，学級全体で考え方を発表し合う。このとき聞いている子供の目的は，新たな考えを知り，よりよい考え方がわかり，その方法で似た問題が解けるようになるためである。

　例えば，方眼の数を数えて面積を求めた子供は，長方形の面積の公式を用いて答えを求めた子供の意見を聞いて，「なるほど。それは簡単だ」と思ってほしいのである。教師は，「方眼を1つ1つ数えるより簡単だね」とほめることで公式を用いるよさを気付かせていくことが大切である。本時の評価規準では，方眼を数えて答えを求めた子供は「努力を要する」状態で，長方形の面積の公式を活用して面積を求めた子供が「おおむね満足」だからである。

　また，考えを説明する子供は正しいことを言っていて先生には伝わるが，他の子供には理解できないことがある。そこで，他の子供にもう一度説明させたり，先生が要点を板書するなど説明を付け足したりすることで，その考えを全員に理解させていくことが必要である。聞いている子供は，説明を聞いてわかっているところではうなずきながら聞き，わからないときにわからないと表明するように指導することも必要である。

　また，説明を聞いて「わかった」と言った子供も，説明を問うだけで十分に理解したとは限らない。聞いた説明をノートに書いたり，その考え方で似た問題を解いてみて理解を確

実にすることが大切である。

　では，この問題に似た問題として，どういう問題を子供たちに解かせるとよいのだろうか。これは，学級の子供たちの個人解決の様相によって変える必要がある。

　最初の個人解決の際，全体を長方形にして引く方法を考えた子供が少なかった場合は，この考えのよさに気付かせるために，例えば，凹型の図形を似た問題として解かせることが考えられる。また，移動して1つの長方形にする考えを定着させようと考えるならば，そういう図形の面積を考えさせるのである。方眼を数える子供が多い場合は，縦横の長さを大きくして方眼で1つ1つ数えるのが面倒になる図形を与えるのである。子供たちは，長方形の面積の公式を用いた方がよいことを実感するのではないだろうか。そして，「努力を要する」状態だった子供も，このような似た問題について長方形の面積公式を用いて答えを求めることができるようになったら，「おおむね満足」になったと評価を変更するのである。これが指導と評価の一体化である。

　このように，友達の考え方のよさを自分のものにしていくことを通して，それぞれの考え方を吟味していくことになる。そして「いつでも使える方法」「特別な図形にだけ使える方法だが簡単に求められる方法」があることに気付き，図形によって適切な方法で面積を求めることができるようになっていくのである。

　算数科における思考力・判断力・表現力等を育成するために，考えが深まったのかを評価する適切な問題を用意し，解かせることが大切である。

[引用・参考文献]
・『小学校学習指導要領解説　算数編』平成20年8月，文部科学省，東洋館出版社
・『小学校，中学校，高等学校及び特別支援学校等における児童生徒の学習評価及び指導要録の改善等について（通知）』平成22年5月11日，文部科学省
・『言語活動の充実に関する指導事例集～思考力，判断力，表現力等の育成に向けて【小学校版】』平成23年10月，文部科学省，教育出版
・『平成24年度全国学力・学習状況調査【小学校】報告書』文部科学省・国立教育政策研究所，平成24年9月
・『平成25年度全国学力・学習状況調査報告書　小学校算数』文部科学省・国立教育政策研究所，平成25年8月

※本章は，『初等教育資料』の以下の拙稿をもとに構成し直したものである。
・平成25年9月号「数学的な考え方を育む学習指導の在り方と留意点―ねらいと振り返りに着目して―」pp.10-15
・平成26年4月号「算数科の授業における「見通す・振り返る」学習活動」pp.24-27
・平成26年6月号「考えが深められたかを評価する」pp.12-15
・平成26年9月号「学習過程を工夫する必要性と工夫の例」pp.14-17
・平成27年4月号「算数科における主体的に学習に取り組む態度の育成」pp.12-15
・平成27年5月号「算数科における自分や集団の考えを発展させる学び合いの授業」pp.14-17
・平成27年12月号「子供だけの学び合いで解消されないある子供のつまずき」表紙裏

第2章

実践！算数科「アクティブ・ラーニング」

アクティブ・ラーニングを目指した授業

　主体的・協働的に学んでいき，学びを深める授業は，算数を教える多くの先生方が目指してきた授業である。というのは，これらの一部はできるが全てを満たしている授業はそうは多くはないからだ。

　子供は学びを深めているが，教師主導である。子供は主体的に活動はしているが，学びは深まっていない。グループで活動はしているが，わからない子供の気持ちに配慮していない，などである。

　本書の実践は，私が見せて頂いた授業ですばらしいと思ったものである。

　これらの授業は何がよくていい授業になったのかは，多くはわからないものでもある。

　「明るくて笑顔で授業されている先生の個性だからですね」。

　「先生が子供たちを今まで育ててこられた学級経営の賜です」。

　そうだろうとは思っても自分では真似できない。そこで，本事例ではすばらしい授業になっていった過程を示している。1年間，どのように子供を育てようとしてきたのか，1時間の中では，どのようなことに気を付けて授業をしているのか。どのように子供に声かけをしたので子供が変わったのか，などである。

　以下の実践は，地域や学校の様子，子供たちが違う中で，それぞれの先生方が目の前の子供たちに合う授業をしようと工夫してきた事例である。もちろん，これはそのままは真似ができないはずである。しかし，その一部の指導はきっと読者の先生方の目の前に子供に合うものではないだろうか。

　実践1の友定章子先生（鳥取県米子市立明道小学校）は，子供たちに「考えることの楽しさ」を伝えたいという気持ちにあふれた授業を行っている。子供たちにとって適度な困難度の課題，ゴールを設定し，図で考えたことは数や式に表し，数や式で表されたことは図で示す。それぞれが考えをつないで授業を終えた最後には，子供たちが最初は到底できないと思われた問題も簡単に解けるようになっている。

　実践2の山﨑聡子先生（神奈川県座間市立相武台東小学校）は，全員参加の授業を目指す。「わからない」「間違えた」を大切にして，助け合って全員がよりよくわかるようになることを目指している。また，子供たちもそのことをよくわかっている。だから，「わかりません」「あっそうか」「もう一度言って」「なるほど」という声が飛び交っている。先生は，昨日の友達の考えを活かして自分の考えにした子供を認め，わかりやすく説明してくれた友達へ感謝し，その考えが活かすことができた子供の素晴らしさをクラス全員の前で価値付ける。

　実践3の愛知県岡崎市立連尺小学校の実践は，45分で問題解決型の授業を完結する授業を目指している。その中には，子供たちが主体的に問題をとらえるための工夫から，振り返

りや適用問題，さらには子供たち自身による問題づくりまで入っている。最初は先生の動機付けにより主体的になった子供ではあるが，最後まで主体性をなくさないで問題づくりを楽しんでいる。

　実践4の千葉県千葉市立海浜打瀬小学校の実践は「自ら問える子供を育てる」ことを目指し，「ふきだし」を子供が書くことを奨励する。問題場面も小出しにし，書いた「ふきだし」から問題を構成していく。その後，「ふきだし」は結果の見通しや方法の見通しも含めて行われ，子供たちは主体的に問題を解決していく。さらに，その中で友達との交流で気付いたことも「ふきだし」に書き，学習を振り返る。

　実践5の佐賀県佐賀市立西与賀小学校では，電子黒板を用いた興味・関心を高める問題提示やタブレット端末を用いた協働的な学習で確かな学力の定着を図る。子供が書いたタブレット端末上の解法が教室の前の電子黒板に映し出され，検討が済むとその画像を全ての子供のタブレット端末に配信することができる。子供たちは配信されたその画像を見て，自分の学びを深めることができる。

　実践6のさいたま市立尾間木小学校では，ティーム・ティーチングにより子供たちの主体的・協働的な学びを育んでいる。低学年では，T1とT2が協力してドラマ仕立ての問題場面の提示で子供たちの意欲が高められる。T2が遅れがちな子供を集めて小集団指導をしている間にT1が自力で解決している子供の支援に回る。T1とT2が子供の様子を学級の半分ずつ見て回る。T1が発表している子供をサポートして授業を進めているときは，T2は聞いている子供の反応をサポートする。T1とT2の適切な役割分担で，子供たちの主体的・協働的な学びを支えていく。

　実践7の東京都武蔵野市立第三小学校では，学力差が大きいという地域性のため，習熟度別で学習集団を編成して算数の授業を行っている。A集団は解き方が異なる子供たちを1つのグループとして検討させ，B集団は学級全体で検討するなど，それぞれの子供たちに合った指導はどうしたらよいのかについて研究を重ねている。

　実践8の高知県土佐清水市立足摺岬小学校は，昨年度は完全複式だったが，今年は単式と複式があるという小規模校である。複式の授業は，ずらしのある問題解決型授業ではなく，子供たちが学習を主体的・協働的に進めていく同時間接型の問題解決授業を行っている。また，単式になったとしても，その年に教師主導で授業を行うと次の年子供たちは自分たちで学習を進めていくことができなくなる。そこで単式であっても授業は間接指導で授業を進めていくという。

　このように，真摯に算数の授業をつくり上げてきている多くの先生の実践から私たちは多くのことを学んで，これからの授業に活かしていきたいものである。

AL実践 1 子供の主体性を伸ばす授業

「考えることの楽しさ」を目指した算数の授業

▶ 本校が目指すアクティブ・ラーニングの取組

鳥取県米子市立
明道小学校

これからの算数授業を通して目指す子供の姿は，「この問題が解けた」「この公式が使えた」ではなく，「解けるって，そのアイデアが大事だったんだ」「考えるっておもしろい」「友達と学ぶって楽しい」「わからないときにどうすればいいかわかった」という，子供たちの生き生きと学ぶ姿であり，未知の問題にぶつかったとき，仲間と試行錯誤しながら立ち向かっていく姿である。それは，論理的思考力や，根拠を示しながら相手に伝える表現力を育て，生涯にわたって主体的・協働的に学ぼうとする生き方につながると考える。

 分数
全2時間／本時：第1時

［概要］
「なかよく分ける」という日常の言葉を算数の表現としての「分数」につなげる。家族4人で3枚のピザを「なかよく分ける」分け方を考える活動を通して，等分除の意味について体験と関連させながらとらえさせたいと考えた。

 変わり方
全2時間／本時：第1時

［概要］
式は，思考過程を簡潔に表した結果であるが，図を多様に見ることで式は，いくつも考えられる。図と式を関連させながら思考を整理することによって，よりよいアイデアが創造でき，「考えるおもしろさ」を感じさせたいと考えた。

1
学校全体として，主体的・協働的な学習を目指すために

問題解決的な学習の徹底

　授業の主体者は，学ぶ側の子供たちである。そのことを子供たち自身が自覚して，授業を構成する。4月は，学年に応じて，授業の在り方やどんな授業を目指していくのかを共有する。「問題解決的な学習の流れ」「目安となる時間配分」「それぞれの段階で何をすべきなのか，何を考える時間なのか」「ノートの書き方」「板書のレイアウト」「発言の仕方」「説明の仕方」「聞き方」「質問の仕方」「少人数の授業のめあて」「席の決め方」等，1週間程度かけて子供たちに伝える。3学期には，教師は後ろで見守っていても授業が成立することを目指したいと伝える。時に，授業を止めて説明の仕方を練習したり，ノートの展覧会を開いたりしながら，困ったときに，どうすれば解決の方向性が見えてくるのか，問題解決の学び方を学ぶ。見通しをもって，試行錯誤する学び方は，算数の授業だけでなく，国語や社会，どの教科においても同じであり，これから困難にぶつかったときも同じであることを意識させることで，子供たちが主体的に学び，一人一人の問題解決の力が育つと考える。

考える必然性を感じる問題設定，ゴール設定と授業力の向上

　授業で大切にしたいことは，与えられた問題を効率よく解決することではなく，その問題を解決するためのアイデアを見付けることである。今の学習がどんなゴールにつながるのか，見通しが立てば考える必然性が生まれ，好奇心が高まる。それは，「考える楽しさ」につながる。

　また，問題の中にどんな数学的な考え方のよさがあり，既習やこれからの学習のどこにつながっていくのかを教材研究することが大切である。全ての子供たちの思考の様相に対して支援を考え，コーディネートすることができる授業力の向上こそが子供たちの主体的な学びを育てることにつながると考える。

2
子供たちの主体性を伸ばすために（資料を活用して）

目指す問題解決的な学習を子供と共有（授業の主体者は子供たち）

　授業は，子供たちが主体的に学ぶものであり，知識を伝授する講義ではないととらえ，資料を提示しながら，目指す授業の在り方を伝えていく。「授業をつくるのは，先生ではなく，学ぼうとするあなたたち自身です」が，合い言葉である。

考える必然性を感じる問題提示（教材研究）

　考える必然性を感じ，数学的な考え方のよさを感じ，多様な考えを議論できる問題を教材研究することが大切である。数学的な考え方のよさについて，思考の系統性を分析し，思考を高める支援を考え，協働的な学びをコーディネートすることであると考えている。

3
45分の授業の進め方

　45分の授業構成について，子供たちと目指す授業を共有する。それぞれの段階で，今何をすべきなのか，次に何をすべきかを伝える。毎時間の問題解決の過程を通して，「自分で考えるっておもしろい」「みんなと学ぶって楽しい」と感じ，主体的に学ぶ学び方と協働的な学びの態度を育てる。

①導入
問題把握
（5分）

①既習と未習の明確にする。
②本時の「めあて」の確認する。
③解決の方法を見通す。
④解を見積もる。

②自力解決
自分の考えを
明確にする
（8分）

①見通した方法で考えてみる。
②結果が正しいか，自分で確かめる（確かめの方法も考える）。
③多様な解決を探る。
④考えた過程や式について，図などを使って根拠を説明する準備する。
⑤考えたアイデアが活用できるかどうかを問題場面や数値を変えて検証する。

③学び合い
考えを共有
よりよい考えを
練り上げる
（25分）

①みんなの考えを共有する。
　・自分の考えをわかりやすく，根拠を示しながら説明する。
　・図や式から友達の考えを読み取る（説明の途中でも）。
②思考過程を洗練し，よりよい考えを練り上げる。
　・それぞれの考えを比較し，共通点や相違点を明確にする。
　・付け加えたり，統合したりする。
　・多様な考えを整理してよりよい考えを導く。
　　（簡潔さ，合理性，明瞭性，一般性，美しさ等）

④まとめ
使ってみる
振り返る
（7分）

①練り上げた数学的な考え方のよさを活用する。
　・「できた」「解けた」「なるほど」を実感する。
②本時の学習を振り返り，次の学びに活かす。
③明日のめあてを考える。

　45分の授業の流れと，目安となる時間を子供たちと共有する。タイマーを使って目安の時間を配分するのではなく，目の前の子供たちの様子を見ながらコーディネートする。

4
年間を通して主体的・協働的な学習をつくりあげる

お互いに「ああでもない」「こうでもない」と考えを出し合い、それぞれの考えのよさを認め合う。友達と学び合うことを通して、自分の考えを整理したり、今まで思いもしなかったアイデアを生み出したりする。「なるほど」「そうだったのか」という声があちこちから聞こえてくる授業をつくりたい。教師も子供たちと一緒に考える学び手の1人でいたい。

1学期　学び方を学ぶ
①先生とみんなでつくる授業構成について。　　　　　　　※資料1
②自分だけのオリジナルノートの作り方について。　　　　※資料2
　（間違いを残そう、大事なことは進んでメモしよう）
③発表の仕方と板書について。　　　　　　　　　　　　※資料3・4
　（「わからない」からスタートしよう）　　　　（56、57ページ参照）
④反応しながら聞こう。
　（思ったことをつぶやこう「えっ？」「うーん？」「わからない？」）

2学期　説明力を鍛える　学びをつなげる
①わかりやすい説明の仕方をまねしてみよう。
②根拠を示しながら説明してみよう。
　（算数の表現を使って説明しよう、記号を使おう）
③比べながら類似点、相違点を見付けよう。
④アイデアに名前を付けてみよう。
⑤よい質問者になろう。
　（「どうして？」「なぜ思いついたの？」「どこのこと？」）
⑥友達のよいアイデアはメモしておこう。
　（ノートの展覧会をしよう、下学年のノートにコメントを書こう）

3学期　自分たちで授業を進める
①聞き手を意識して伝えよう。
②自分たちだけで結論を見付けよう。（困ったときは先生がいる）
③下級生に授業を見てもらおう。
　（どんな授業を目指すのか、授業を通して伝えよう）

どんな発言がよかったのか、どんなノートがよいのか、どんな説明の仕方がよかったのか、その都度、機をとらえてやり直したり、みんなで考えたりしながら、授業をつくる主体は子供たち自身であることを意識させる。

事例1 第2学年 子供の主体性を伸ばす授業

分数 第1時［全2時間］

ピザをなかよく分けよう
―体験が算数の言葉に―

①導入

[授業の流れ]

T：お父さん，お母さん，ぼく，妹の4人家族でピザをたのみました。何枚たのんだと思う？

C：4枚。

T：どうして？

C：みんなが1枚ずつ食べられるから。

C：なかよく食べられるから。

T：そうだよね。4枚だったら1枚ずつ分けて，なかよく食べられるね。だけど，今日の問題は，3枚しかたのまなかったの。

C：えーっ。けんかになっちゃう。

T：そうか。でも，みんなならできると思うよ。今日の問題を書くね。

[問題] お父さん，お母さん，ぼく，妹の4人で3枚のピザをたのんだ。なかよく分けるには，どんな分け方をすればよい？

T：なかよく分けるってどうすればいいかな？「僕のピザが少ないよ」「妹が大きくてずるい」なんてケンカしないようにしてね。

T：今日の考えるめあてを書くね。

[めあて] なかよく分けるってどうすること？

T：実際に切ってもらおうと，3枚セットのピザを印刷してきたから，ワークシートの四角いお皿になかよく分けて貼ってみてね。後で，どう分けたかを説明してもらうからね。じゃあ，やってみて。

[指導のポイント]

　子供たちにとって，「なかよく分ける」という活動は，適当に分けるのではなく，ケンカしないよう，同じ大きさを意識して分けるという活動が，算数の「等分除」の概念につながると考えた。

　4人で3枚を分ける分け方については，子供たちの家族に対する思いが反映され，多様な分け方ができると考えた。また，低学年の子供の実態として，具体物で考え，切ったり貼ったりする算数的活動が有効であると考えた。「半分」や「半分の半分」という切り方と，量としての大きさがとらえやすいよう，平面の円であるピザの絵を用いた。

[ねらい]
等分してできる大きさについての分け方と，その大きさの表し方を知り，簡単な分数について理解する。

[評価規準]
・日常の生活で用いられる「半分」や「半分の半分」の大きさに関心をもち，具体的な操作活動に取り組もうとしている。
・2等分，4等分の大きさを分数で表している。

②自力解決

[授業の流れ]
子供たちが自力解決している様子を見てまわり，それぞれの子供の様子に応じて支援する。

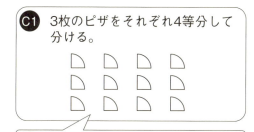

C1 3枚のピザをそれぞれ4等分して分ける。

支 この形って，どうやって切ったの？

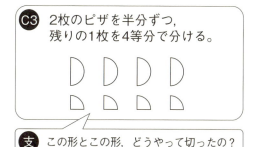

C3 2枚のピザを半分ずつ，残りの1枚を4等分で分ける。

支 この形とこの形，どうやって切ったの？

C2 2枚のピザを大人，残りの1枚を子ども2人で分ける。

支 この形って，もとの1枚を何枚に分けたの？

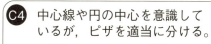

C4 中心線や円の中心を意識しているが，ピザを適当に分ける。

支 この分け方だとケンカにならない？

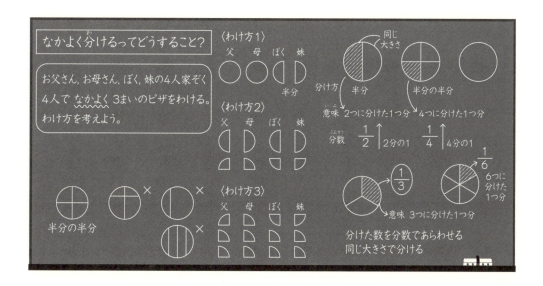

第2章 実践！算数科「アクティブ・ラーニング」

協働的な学習のポイント

子供の言葉を教師が図で表すことで，等分の意味を明確にさせる。また，全体の量と切り方について，等分の意味を考えさせ，もとの量をいくつに分けたかが分母につながることをとらえさせたいと考えた。

③学び合い

[授業の流れ]

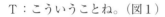

T：では，どうやって分けたか，誰かに説明してもらおう。先生が図をかくから。みんなは，先生の図とお友達の図があっているか，考えながら聞いてね。

C：お父さんとお母さんに1枚ずつあげる。もう1枚をぼくと妹で2つに分ける。

T：こういうことね。（図1）

（図1）

子供たち：ちがうよ。残りの1枚をちゃんと半分に分けないと。

T：半分って，適当に2つに分けるんじゃないの？

子供たち：ちゃんと真ん中で，同じ大きさぐらいに2つにすることだよ。

T：なるほど，これじゃケンカになるね。こういうこと？（図2）

（図2）

C：ぼくは，1枚目を4つに分けて，2枚目も4つに分けて，3枚目も4つに分ける。

T：OK。今度は大丈夫。1枚を4つに分けるんだね。（図3）

（図3）

子供たち：それはだめ。最初の半分はいいけど，次がだめ。

T：えっ，そうなの？ 最初の半分は真ん中で切ったよ。

子供たち：次の半分は横に切るの。

T：こういうことね。（図4）

（図4）

子供たち：違う。最初の半分の半分だから，横もちゃんと真ん中を通らなきゃだめ。

（図5）

T：そうか。半分は真ん中で，半分の半分も真ん中を通らなきゃだめなんだね。じゃぁ，こういうこと？（図5）（図6）

C：私も同じ分け方をしたよ。

T：もう他の分け方した人はいないかな？

（図6）

C：1枚目を半分にして，お父さんとお母さんで分けて，2枚目を半分にして，ぼくと妹で分けて，残った1枚を半分の半分にして4人で分ける。

子供たち：先生，ちゃんと半分にしてね。

T：今度は大丈夫。半分と半分の半分ね。真ん中通って。（図7）

（図7）

子供の変容と本時のまとめ

「なかよく分ける」ということが，「同じ大きさで分ける」「等分に分ける」ということにつながるためには，どういう分け方をするのか，それは，算数の「分数」として，どう表現されるのか，切り方と図を対応させることで分け方と分母の関係が納得できた。

④まとめ

[授業の流れ]

T：これは，どういう切り方をしたのかな？
C：半分。真ん中を通って。同じ大きさになるように。
T：ここは，どんな大きさなんだろう。
C：半分の1つ分。
T：なるほど，そうだね。もとの大きさをいくつに分けた？
C：2つに分けた。
T：そう。だから，半分にしたこの大きさは，2つに分けたうちの1つ分だよね。これを，算数の言葉で，…難しいんだけど，「分数」といって，こう書き表して，2分の1と読みます。
C：お兄ちゃんが知ってる。聞いたことある。
T：じゃあ，こっちの分け方もまとめてみよう。
C：切り方は，半分の半分。
C：大きさは，4つに分けたときの1つ分。
C：分数は $\frac{1}{4}$ で，読み方は，「よんぶんのいち」。
T：そう。素晴らしい。
T：じゃあ，チャレンジ問題をやってみよう。これは，どんな分数で表せるかな？ 大きさもちゃんと言えるかな？

チャレンジ問題 $\frac{1}{3}$ と $\frac{1}{6}$ の円を提示

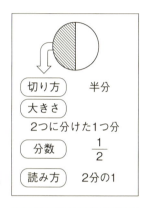

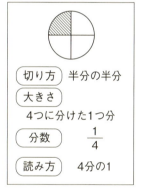

[見取りのポイント]

・円の中心を通る「半分」と「半分の半分」で切っているか（等分を意識しているか）。
・多様な分け方を考えようとしているか。

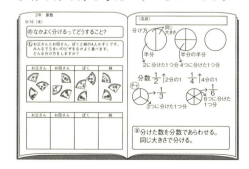
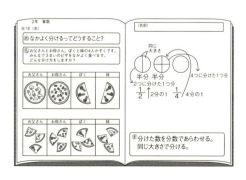

変わり方 第1時［全2時間］
図と式を関連させて考えよう

①導入

[授業の流れ]

T：今日は，正方形の数が何個あるか考えてね。問題の図をかくから，見ておいてね。

問題 正方形は何個ある？

（上から正方形を1つずつ板書）（右図）

T：さて，正方形が何個あるでしょう。数えたらだめだよ。
T：何か気が付くことはある？
C：増えてる。きまりよく増えてる。
T：そうだよね。きまりよく増えてる場合，どうやって考えたらいい？
C：表に整理したり，計算で求めたりできる。
T：きまりがあるときは，表に整理してきまりを考えて求めたり，そのきまりが式で表せたら，きっと求められるよね。
T：じゃあ，この5段の図形の正方形を数えて求めるのではなく，今日のめあては，『工夫して計算しよう』。ただ，今日は先にチャレンジ問題も出しておくよ。

めあて 工夫して計算しよう。

チャレンジ問題 10段だったら何個？ 6段だったら何個？ 30段だったら何個？

T：この5段が解けたからと言って安心しないで，10段なら，30段ならどうなるか考えることが待っているからね。難しいと思った人は，1段増やして6段で考えてもいいね。もし，○段だったらって，どんな問題でも解ける方法を考えた方がいいね。

C：えっ？ 30段？ 無理かも。
T：まずは，5段の正方形がいくつになるか考えてみよう。やっているうちに，何かいいアイデアが浮かぶかもね。

[指導のポイント]

　きまりよく変化する2つの数量の関係を整理するとき，表に整理して表を横に見たり，縦に見たりして，変化の規則性を探る。縦に見ることは，方程式につながる関数として考えさせたい。式に表したことは，図を根拠に説明することができる。また，図を多様に見ることによって，式も多様に考えられる。式と図を関連させていくことで，新しい見方の発想が生まれる。そのことを実感するために，常に式と図を対応させて考えさせたい。

[ねらい]
　正方形の個数の数え方について，多様に考え，自分の考え方を説明したり，相手の考えを理解したりすることができる。

[評価規準]
・お互いの考え方を説明し合おうとしている。
・図を用いて，考え方を説明している。

②自力解決

[授業の流れ]

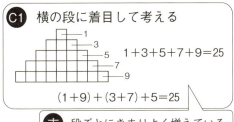

C1　横の段に着目して考える
$1+3+5+7+9=25$
$(1+9)+(3+7)+5=25$

支　段ごとにきまりよく増えているこのことを式に表してみよう。

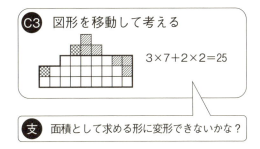

C3　図形を移動して考える
$3×7+2×2=25$

支　面積として求める形に変形できないかな？

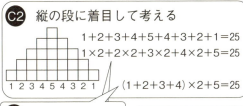

C2　縦の段に着目して考える
$1+2+3+4+5+4+3+2+1=25$
$1×2+2×2+3×2+4×2+5=25$
$(1+2+3+4)×2+5=25$

支　$(1+2+3+4)$が2つあるってことを図で表せないかな？

支　統合式で整理できないかな？

C5　表に整理して変化のきまりに着目

段の数	1	2	3	4	5	6	7
正方形の数	1	4	9	16	25	36	49

+3 +5 +7 +9 +11

支　表を縦に見たときの式を図に表すことはできないかな？

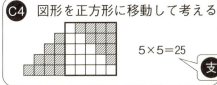

C4　図形を正方形に移動して考える
$5×5=25$

支　6段だったらどうなる？

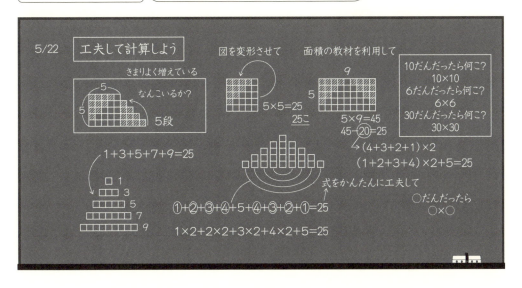

協働的な学習のポイント

図形をどのように見たかによって式ができる。できた式をより効率よく計算するための式に変形する。そのことによって，図の新しい見方が生まれる。表に整理しても同じ式が考えられ，表を縦に見ることによって一般式が考えられ，その根拠は図によって説明できる。

③学び合い

[授業の流れ]

T：式で求められた？　どう考えたのか，図を使って説明してみよう。

C：上から1，3，5，7，9と増えていくから，たしたら25になった。（C1の図）

T：これは，図をどう見たってこと？

C：横に見た。

T：それならば，図や式のところに「図を横に見て」って書いておこう。
　　じゃあ，図を他の見方で見れば，式も違う式ができる？

C：図を縦に見ると，1＋2＋3＋4＋5＋4＋3＋2＋1＝25になる。（C2の図）

T：そうだね。縦に見るとこういう式になるね。これをもっとまとめて計算できない？

C：1も2も3も4も2回ずつあるから（1＋2＋3＋4）×2で，残りの5をたせばいい。

子供たち：あっ，ほんとだ。

T：なるほど，今日のめあては，工夫して計算しようだからね。

C：表に整理したら，横に3，5，7，9って増えていくから5段のところは25になる。

C：表を縦に見たら，3段のときは3×3で，4段のときは4×4で，5段のところも5×5になってる。それを使えば，6段は6×6で，10段なら10×10だと思う。（C4の図）

子供たち：どういうこと？

C：図で説明できるよ。この部分を切り取って，ひっくり返してくっつけたら，正方形になる。ここが5で，ここも5だから5×5。

子供たち：ほんとだ。すごい。

T：じゃぁ，6段でもこの図になるってこと？　本当にそうなるか，図を書いてみてよ。

子供たち：わっ，できた。

T：もし10段だったら正方形は何個？

C：10×10で100！

T：最初に30段は無理って言ってたけど，何段でも求められる？

子供たち：もちろん。簡単！　段数×段数をすればいい。

T：どうして？

C：ひっくり返して移動したら正方形ができるから。

T：すごいね。○×○にすれば，どんな段数が問題でもできるってことだね。

子供の変容と本時のまとめ

　図をかくことが解決の糸口になることを実感していない子供たちだったが，本時のまとめには，「図から式が見える」「式は図で説明できる」と，式と図を対応させて考えることのよさを実感していた。

④まとめ

[授業の流れ]

T：今日は，チャレジ問題を最初に出したけど，5段を考えているうちに解けちゃったね。
C：図をかいてたら，わかった。
C：表を縦に見たら，式が見えた。
T：自分がどう考えて式を見付けたか，考え方に題名を付けておくのもいいね。それに，どう考えたか，みんなにちゃんと伝わったから，たくさんの「あー，なるほど」や「すごい」「わかった」って，聞いている人がたくさん納得できてたね。
T：みんなのノートに，図と式を結ぶ矢印がたくさんあったね。式の意味が図のどこに当たるのか，よくわかった。そういうふうに説明すると，友達の考えがよくわかるよね。

※この問題だけを解くことが目的ではなく，最初にチャレンジ問題を提示したことが，子供たちの好奇心をかき立て，主体的に考えることができた。
※式の意味を図で説明することによって，友達がどう考えたか，お互いに理解し合えた。図がアイディアを生み，式の根拠となることを実感できた。

[見取りのポイント]

・自分の考えを図で考え，式の意味を図に矢印を付けて説明できるよう促す。
・どう考えたか，題名を付けさせることによって，考えを比較しやすくなる。

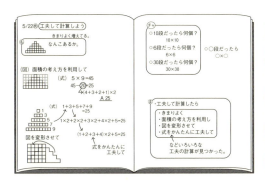
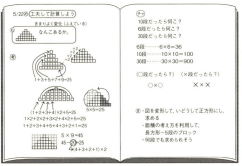

協働的な学習を充実させる「学習資料」

[学習資料の概要]

①先生とつくる授業の流れ

4月，問題解決的な学習の流れについて，資料1を提示して，45分の流れを説明する。問題把握に5分，自力解決8分，練り上げ25分，チャレンジ問題と振り返りは7分と，目安の時間も伝える。そして，その段階ごとに，何をする時間なのかを大まかに伝える。一番伝えたいことは，「授業では，先生が教えるのを待っているのではなく，自分で考え，自分たちで話し合いながら進めていく。授業の主役は，先生ではなく，自分たちだ」ということ。正解を見付けるための授業ではなく，みんなと悩みながら考える時間だと伝える。3学期には，教師がいなくても授業できる。教師は後ろで見守っている，そんな授業を目指したいと伝える。

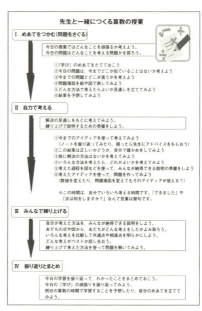

資料1　先生とつくる授業の流れ

②自分だけの参考書としてのノート

ノートのレイアウトについて，資料2を提示しながら説明する。このとき，これまでの先輩のノートも見せる。自分だけの参考書にするため，間違いを消さない。友達や先生の説明で，「なるほど」と思ったことはメモしておく。そして，毎時間ノートを評価し，時々，展覧会をすると伝える。自分の学びの足跡が見える「よいノート」をつくろうと意識させる。

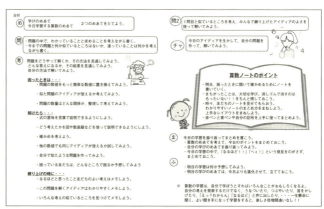

資料2　ノートの使い方

③学びをつなげる発言（みんなで考える）

「練り上げ」の時間は，みんなで，ああでもない，こうでもないと悩みながら，よりよい考えを見付け出す時間である。だからこそ，最初に完璧な解答を発表してしまうのではなく，わからない，困ったからスタートしようと伝える。どうすればそれを解決できるか，アドバイスし合いながら，みんなで考える。

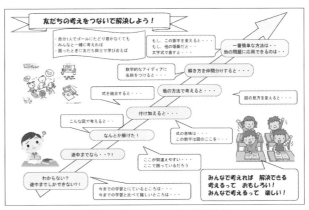

資料3　考えをつなげて学び合う

そのとき，友達の考えを読みながら発言することが，よい授業をつくる学び手になれると伝える。

④学び合いが見える黒板

自分の考えを発表するとき，書きながら説明する。書いている順序も大事だから，しっかり見て，説明する人の思考を予想して読む。そのとき，考え方に名前を付けておくとわかりやすい。また，考え方の同じところや違いを比較して付け加えたり，よりよい表現に変化させたりしていくと，よりよい考えが見えてくる。まとめは，黒板に書かれているキーワードをもとに，自分の言葉でまとめる（ただし，低学年のうちは，キーワードをもとに，どのようにまとめればよいか，モデルを示す）。

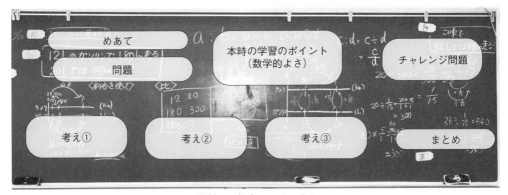

資料4　板書のレイアウト

⑤先輩の学びから学ぶ

5年，6年生の授業を下学年が参観する。算数の内容が難しくても，「わからない」「困った」を発言したり，友達の考えを代わりに説明したりする姿から学ぶことは多い。ノートの取り方や，真摯に学習に取り組んでいる姿は，よいお手本となる。また，下学年のノートに，先輩としてコメントすることも有効である。先輩として，よりよいノートや学び方をアドバイスし，よい学び手としての姿を伝えようと真剣に学習に臨む。

AL実践 2 全員が一人一人を大切にして支え合う授業

「全員参加の授業」を目指した算数の授業実践

▶ 本学級が目指すアクティブ・ラーニングの取組

神奈川県座間市立
相武台東小学校

『全員参加の授業を目指す』:「わからない」「間違えた」ことを大切にして,1つのことについて,助け合って,学び合って,全員がよりよくわかるようになることを目指し授業に取り組んでいる。「間違えない完璧な人間はいない」「全員が得手・不得手があるからこそ,自分のもつ力をお互いのために出し合ってほしい」「全員が一人一人を大切にして支え合ってほしい」という教師の願いが根底にある。1時間1時間の中で出会う目の前の子供たちの思いや考えを大切につないでいくことを積み重ねることで,子供たち自身がお互いのつながりの中で学び合うことに価値を見いだせるようになることが重要である。

あまりのあるわり算
全8時間／本時:第1時

[概要]

あまりの見方が分かれる等分除の問題を導入で扱った。見方の異なる友達の考えを聴き合うことで,あまりの扱いについて主体的に思考する姿を引き出し,あまりについての見方や考え方を広げることにつなげていく授業展開を図った。

分数のわり算を考えよう
全12時間／本時:第10時

[概要]

分数倍にあたる大きさを求める場合にも乗法の式に表せること,分数をかける意味を理解していくことが指導のポイントである。数直線や図を使って説明し合ったり,考えを伝え合ったりする活動を通して,理解を促していく授業展開を図った。

1
学級全体で，主体的・協働的な学習を目指すために

「全員が一人一人を大切にして支え合いながら，全員参加の授業を目指す」。この目指す授業の実現のためには，友達がいるからこそ学びが広がったり，深まったりすることができることにお互いが気付き，一人一人が友達とともに力を出し合い，みんなで学び合うことに価値を見いだし，子供たち全員が「みんなと学んでよかった」と思えることが必要である。そのためには，自分の考えや思いを友達が理解し，支え，認めてくれる等，あたたかく受け止めてもらったと実感できること，友達との学びの中で「わからなかったこと」が「わかるようになること」，友達と意見交換する中で新たな見方や考え方に触れて，自分が豊かになったと実感できること，これらのことが，自分だけでなく学級の友達全員の中で起こっていることをお互いが知ることが大切なことになってくる。つまり，学習プロセスの中で生まれる互恵関係に気付かせ，子供たちの考えや思いをつないでいくことが，教師の役割として重要になってくる。このことは，お互いのことを大切にし，みんなとよりよく学ぼうとする価値ある子供の具体の姿を教師が明確にもつことで，授業の中で価値付けることができる。また，豊かな学びの姿が引き出される根底には，子供たちに提示する教科としての学ぶべき内容価値についての教材研究が欠かせないということを忘れてはならない。教材研究と学び方の2つの視点を明確にして，授業を積み重ねていくことが重要であると考える。

2
学習資料の活用を通して，
学び合う学習集団への変容を促していく

学び合うことを充実させるためには，学び合うよさを学級全体で共有し，学級全体の意識を高めていくことが必要である。その有効な手立てとして，大きく3点考えている。1点目は，掲示物の工夫である。本学級においては，「目指す授業像」「子供同士の関わり合いの中で生まれた学びの姿」「ノート」を掲示している。特に，ノート上に残されている思考の「あしあと」（友達の学びを生かして問題を解いたり，考えたりしている様子）を的確にとらえ，思考のつながりを価値付け視覚化して掲示することに力を入れている。2点目は，振り返りカードの活用である。力になった友達のことも含め，授業の学びを振り返らせている。3点目は，子供向けに学級だよりを発行をして，授業の様子を学級全体で振り返る機会をもつようにしている。掲示物，振り返りカード，学級だよりの3点を活用することで，個々の中やグループでの交流の中で，どんな学びが成立していたのか，お互いがどのような思いをもって友達と関わって学んでいたのかを学級全体で共有することができる。関わりの中で学びが充実していることをメタ認知することで，学び合う学習集団へ高めていけると考える。

3
45分の授業の進め方

　本時の課題を明確にすることが，子供たちの主体的な思考を引き出す。問いのもたせ方の工夫が必要である。授業の展開部分では，友達との関わりの中で思考を深めたり，友達の発信を自分事としてとらえ，全体と個のつながりの中で学んだりすることを通して，本時のねらいを実現させていきたい。まとめでは，友達とのつながりの中で，学びを得たことを意識させたい。

　本時の学習につながりのある既習や前時の学習を振り返り，全員に問題の見通しをもたせるようにする。まずは，1人で考えさせる。その中で生じた新しい課題に対する戸惑いを拾い上げることで，本時の課題が引き出される。思考の揺さぶりが必要な場合には，適切な発問を通して思考を揺さぶることで，全員で学ぶべき問いの共有化を図る。

　本時の課題をつかむまでの1人学びを生かして全体の学びにする場合と，学ぶべき問いを全体で共有した後に再度全員が課題に対して思考する時間を設定する場合が考えられる。後者の場合は，1人で考えてもよいし，周囲と相談してもよいという自由な形で取り組ませるようにしている（年度始めは，固定的なグループが有効）。

　課題解決に向けて思考したことを全体で共有していく。取り上げる内容については，本時のねらいを実現するために必要なものに絞るようにする。全員がよりよくわかるように図や例え等を使って説明することや，友達の話を理解しようとして聴くことを大切にする。ねらいの実現に向けて，繰り返しの説明やペアでの聴き合いも適宜行う。

　2つの視点でまとめる。今日の課題に対する考えをまとめること，友達とのつながりの中での学びの様子についてまとめることである。「わからない」という発信も含め，自分はどのような働きかけをしたのか，友達の力が自分にどうつながったのかを振り返らせる中で，課題に対してどのような学びを得たのかについてまとめさせていく。

　友達と関わって学ぶことを通して，教科の内容がよりわかったということを実感できるようにしていくことで，友達と学ぶことに価値を見いだす動きにつながっていくと考える。

4
年間を通して授業をつくる

「受信－発信」の双方向性のあたたかな関係の中で学び合いが充実していく。そのための鍵は、聴き手を育てることにある。相手に寄り添って聴こうとするあたたかな聴き方が学級のベースとして定着することで、話し手の安心感が引き出されるとともに、相手を意識した話し方もできるようになる。あたたかな関係が築かれてこそ、学び合う姿が引き出されると考える。

4月 あたたかな聴き方のベースづくり

『友達を大切にするからこそ話を聴く』。聴く意味を子供たちに語ることから始める。発表が苦手な子供の声（発表しても反応がないと、よいのか悪いのかわからなくて不安等）を届けながら、子供たち自身にも聴くことの大切さを考えさせる。考えたことをお互いに実感できるように、例えば、相手の発信に対し「そうだね」と答える「そうだねゲーム」等を行う。また、計算ゲーム（ジャマイカ等）をグループで行うと、解いていく過程の中で、お互いの考えを受け止め合う姿が自然と引き出される。クラス替えの4月は、発信に対してうなずき等の反応がなく雰囲気も固いため、話を受け止め合うよさを楽しく実感できるものとして有効である。教師は、子供の小さな動きを見逃さずに子供を褒めて認めていくことが大切である。また、相手を大切にできていない聴き方については、授業を止めてでも指導を入れる。相手を大切に受け止めようと動き出すことが重要であると考える。

5月〜7月 支え合う関係づくり

相手に寄り添って話を聴く姿が日常の中でも表れたら、学級の問題を解決するための話合いを全員参加で行い、自分たちで結論を出す場面を設定する。発表が苦手な子は最初は戸惑うが、そういう子に対する声かけや、どうしても言えない子に対して班の友達が代わりに発表する等、フォローする姿が引き出される。そのような姿をお互いに見合うことが重要である。支え合うよさを共有することで、友達を励ます子が増え、発信しようという気持ちが促されていくようになる。

2・3学期 自由な交流を見守る

支え合う関係が築かれると、子供たちは自由に話を始めるようになる。交流の内容を把握し、軌道修正を図りながら見守るようにする。

あまりのあるわり算　第1時［全8時間］
あまりについて考えよう

①本時の課題をつかむ

[授業の流れ]

問題提示 メロンパンが14 こあります。4人で等しく分けると，1人分は何こになりますか。

T：どんな式になるでしょう。
C：「分ける」だから，わり算だと思います。
T：式をノートに書いてみましょう。
C：式は，14÷4です。
T：1人分は何個になるか考えてみましょう。

　式が「14÷4」になることを全体で確認した後，一人一人で考える時間を十分にとるようにした。「わり算」の学習の中で，図にかくことを積み上げてきたこともあったため，図をかくことの時間をとることで，一人一人が考えをもつことができるのではないかと考えた。全体での学びの前に，自分の解をもつこと，あるいは，全部わからなくてもここまではわかったけれど，この先がわからないという自分の今の状況を明確にしておくことができれば，自分の考えと比較しながら友達の考えを主体的に聴こうとする姿を引き出すことができる。机間指導では，手が止まっている子供の指導に入るが，メロンパン14個と人を4人かくように促したところ，「わり算」の学習でかいた図を思い出し，3個ずつ分けるところまでは自力で解決に向かうことができた。1人学びで出たものは以下の3つである。

①1人分は3個になる。でも2個のあまりをどうしたらよいのかわからない。
②1人分は3個で，あまりが2個。
③あまった2個も分けて，1人分は，3個と半分。

　まずは一人一人に問題と向き合わせることで，新しく出会う課題が明確になる。本授業では，あまりが出ることが新しく出会う課題である。新たな課題に出会ったことでの困り感を共有することこそが，本時の課題となる。わからなくて困っている子の思いに寄り添うことで，本時の課題に焦点を当てていく。

T：全部分けられなくて困っている人がいるけど，その気持ちわかる？　今までのわり算と今日のわり算は何が違うんだろう。
C：今日は，2個あまってしまう。
T：あまりをどうするかについてみんなで考えていきましょう。

本時の課題 あまりについて考えよう

　提示した問題を考える中で，本時の授業での課題を明確にすることが重要である。

[ねらい]
　除数と商が1位数の除法で，あまりが出る場合のあまりの意味について考える。

[評価規準]
・図をかいたり，生活場面とつなげたりして，あまりの意味について考えている。

②課題解決に向けて

[授業の流れ]

C：14個のメロンパンを1個ずつ分けると1人分は，3個になります。2個残ります。分けられないので，2個はあまらせます。

C：私は，3個ずつ分けるところまでは，同じだけど，あまった2個も分けました。

T：2個分けるって言っていますが，どんなふうに考えたのかな。周りと話してみよう。

　ここで，発言を区切ることが教師の出番である。友達の考え方を推測させることで，友達の考えを自分事として考える姿を引き出すことができる。

C：メロンパンを半分に分けると，1個が2つになります。あまりは2個だから，半分が4つになって，4人に半分ずつ分けられます。

T：あまりについての2つの考えについて，隣の人ともう一度話してみましょう。

T：友達の考えをわかろうとして考えたり，聴いたりすることができたみんなは素晴らしいです。それは，友達を大切にしていることだからです。

　友達の考えを自分事として考えようとしたり，聴こうとしたりする子供たちの姿を価値付けることで，お互いに関わって学ぶよさを実感させることができると考える。

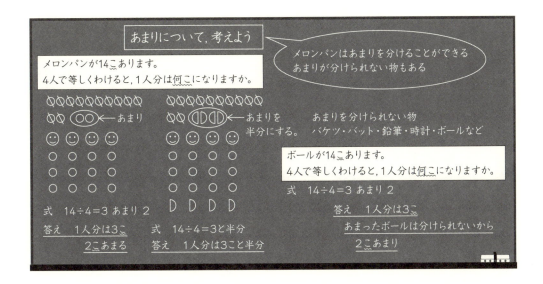

協働的な学習のポイント

お互いの考えを聴き合う場を設定した後，子供たちが動き始めるのを待つこと，関わりの中で生まれた学びの姿や，お互いがつながり合って学んでいることを価値付けるようにしていく。

③学び合い

[授業の流れ]

C①：あまりって分けていいの？

　この発言をした子は，先取り学習をしていた子である。この発言に対して，子供たちの様子を見守ることにした。あまりを分けることができるという話合いもしてきたので，その視点での新たな説明が出てくると考えたからである。教師がすぐに動き始めるのでなく，友達の発言に対して，子供たちがどのように反応して動き出すのか待つことで，主体的に思考し，関わろうとする姿を価値付けることができる。

C：あまったら分けるんじゃないの？

C：給食のときにウインナーとか，揚げパンとか分けたりするよね。

C：「そうだよね。」「たしかに。」「この前分けたね。」

C：メロンパンも残りを半分ずつにしたら，分けられるんだから，分けたっていいんじゃないの。

　子供たちは日常での生活経験をもとに考え，話し始めていた。友達の話をうなずきながら聴いているC①の様子から，納得することができていたと見取ることができた。そこで，C①に話を戻すことにした。

T：C①さん，みんなの意見を聴いて，どうですか。

C①：あまりは，分けてもいいということがわかりました。

　先取り学習をしていたC①の発言によって，みんながあまりについて具体の場面で再度考えることができたこと，C①も友達の考えに触れることで，わり算をしたときにあまりが出る場合の扱いについて，学習と生活とのつながりの中で考える新たな見方を学ぶことができたと考える。また，友達の意見を聴いたC①の考えの変容を学級の子供全員が知ることで，友達に積極的に関わることのよさを実感させることができたのではないかと考える。

T：C①さんの発言について，自分たちでいろいろなことを考えることができました。また，考えたことを話すことができて素晴らしかったね。C①さんの発言があったからこそ，みんなで考えることができたね。

　子供たちが友達の話を聴いて主体的に関わろうとするプロセスの中で，お互いの学びが成立している姿を見いだすことができる。その姿を引き出す場を見極め，その姿を見逃さず価値付けることが，学級の中での学び合う姿を高めていくことにつながっていくと考える。

子供の変容と本時のまとめ

友達との学びの中で，自分では気付かなかったことに気付くとともに，新たな見方や考え方を自分の中に取り入れることができた。また，子供たちがあまりが出る場合をより意識することができた。

④まとめ

[授業の流れ]

本時の学習は，あまりを意識させていく中で，あまりが出る場合を考えていくことまで見方を広げていくことがねらいである。あまりは分ければいいという思考を揺さぶることが必要になる。意図的な投げかけが必要となる。

T：等しく分けていく場合は，あまりも分ければいいんだね。

この投げかけに対して，子供たちは，また動き出した。

C②：分けられない物もある。

T：どういうこと？

C③：バケツは，分けられない。

C：「あー。」「そうか。」「なるほど。」

C③の発言を聞くやいなや，子供たちは，周囲と話し始めた。C②やC③の発言が子供たちを動かした。

T：いろいろと話しているけど，あまりが分けられない物ってバケツ以外にあるの？

C：「バットは分けられない」「机も」「イスも」「鉛筆も」「定規」「ボール」「時計」…

子供たちは，自分の経験から分けられないものを考え，次から次へと発表していった。

T：C②さんの発言がC③さんにつながり，C③さんの発言がみんなにつながっていきましたね。あまりが出る物をみんなでたくさん見付けることができましたね。

思考が次から次へとつながり，学級全体へ広がっていったことを知らせることで，友達とともに学んでいるよさを実感させていくことができる。

あまりが出るものがあることを意識できたところで，あまりが出る問題をみんなで考えた。

|問題| ボールが14こあります。4人で等しく分けると，1人分は何こになりますか。

図をかき，あまりが出ることを確認し，ノートにまとめることができた。

あまりが出る場合を意識させることができ授業を終えた。

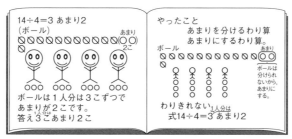

分数のわり算を考えよう　第10時［全12時間］

分数倍について考えよう

①本時の課題をつかむ

[授業の流れ]

問題提示① 筆箱の値段は600円です。鉛筆削りの値段は，筆箱の値段の2倍です。鉛筆削りの値段はいくらでしょう。

T：式をかいてみましょう。
C：600×2＝1200。
C：2倍だから，600×2です。
C：2倍は2つあるということだから，600×2です。
T：全員できましたね。

　簡単な問題から入ることで，「全員できたね」と認め参加意識を高めようと考えた。また，整数倍で学習した乗法の意味と比較しながら分数倍での乗法の意味の違いを明確にすることができること，さらに拡張した乗法の意味を整数倍でも適用できるようにすることにつなげていく中で，整数倍の問題を取り上げた。

問題提示② 筆箱の値段は600円です。ノートの値段は，筆箱の値段の $\frac{3}{5}$ 倍です。ノートの値段はいくらでしょう。

前時の学習とつなげて数直線に $\frac{3}{5}$ 倍を書かせ，問題を考えさせた。

T：この問題を考えてみましょう。
C：$600 \times \frac{3}{5} = 360$（ほとんどの子供）。
T：どうしてこの式になったのかな。

C：2倍は×2にしたから，$\frac{3}{5}$ 倍だから $\times \frac{3}{5}$ にするんだよ。

　上記の説明では，十分でない。整数倍で立式した形に合わせて立式しているだけである。意味を理解させる上では，小数倍での学習と同じように，$\frac{1}{5}$ にあたる大きさを基に，$\frac{3}{5}$ にあたる大きさを求めて，その数が $600 \times \frac{3}{5}$ の計算上の答えと同じになることを実感させていく必要がある。

T：分数の倍をかけることは初めて出てきましたが，もとの数の600円にかけていいのかな。$600 \times \frac{3}{5}$ は計算したら360になりますが，本当に $\frac{3}{5}$ 倍のところは360になりますか。

　子供たちは真剣な表情になり，思考を始め，積極的に話合いが始まった。教師からの問いが，子供にとっての問いになったことが，子供たちの様子から評価できた。

本時の課題 分数の倍をもとにする数にかけてよいのかな。

[ねらい]
倍を表す数が分数の場合も,「基準量×倍＝比較量」で比較量が求められることを理解する。

[評価規準]
・「基準量×分数倍＝比較量」の式の分数倍の意味を,数直線を基に考えている。

②課題解決に向けて

[授業の流れ]

　黒板に図をかいて話してもよい,黒板の数直線を使って話してもよい,という日常の積み重ねの流れの中で,子供たちは自由に学び始めた。自由に周囲と意見を交換する子供,わからないという友達のために自主的に前に出て黒板に図を書いて説明する子供,ノートに書かれた数直線を見合いながら考え合っている子供,わかろうと一生懸命に話を聴く子供たち。

C：これが,600円ね。600円を1と考える。$\frac{3}{5}$というのは,この600を5つに分けた3つ分。1つ分は600÷5で120でしょ。だから,120が3つで360になる。いい？

　聴いてわかると自分の席に戻ってノートを取り始める。友達同士の学び合いの成立である。「もう1回言って」と繰り返し説明を求め,主体的に学ぼうとする姿も見られた。課題解決は1人でという枠にとらわれることなく,いつでも相談できる環境を整えておくことで子供の思考が促されていく。

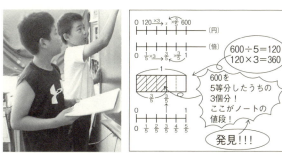

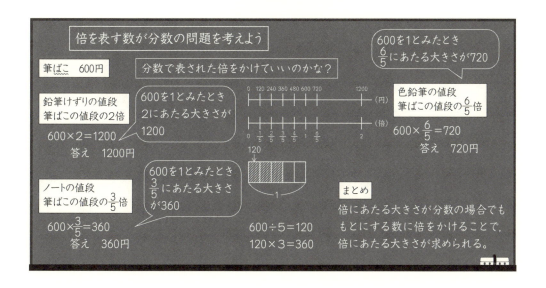

協働的な学習のポイント

お互いにつながり合って学びが成立していることをとらえ，学級全体に価値付けること，教科としての見方・考え方を生かす姿を力のつながりの中で価値付けるようにしていく。

③学び合い

[授業の流れ]

C①：600を1とすると，$\frac{1}{5}$倍のところは，600÷5で120になりますね。$\frac{3}{5}$倍は120×3で360になります（数直線を使って説明）。

説明に指名したC①は，最初はわからなかったが，友達同士で主体的に交流をしていく中で，「わかった」と嬉しそうにしていた子である。教師が，全体へ説明するように背中を押した。C①が発表することで，お互いの力がつながり合って，学び合っている素敵な学びの姿を学級全体で共有することができる。

T：C①さんは，友達の話を一生懸命聴いていました。C①さんが，みんなと学ぼうという気持ちが素晴らしいね。そして，C①さんを支えたみんなも素晴らしいです。みんなの力がC①さんに，ちゃんと伝わっていますね。

教師の価値付けが，学級全体に学び合うよさを広げるきっかけになる。

「600を1とみたときに$\frac{3}{5}$倍は360になる」ことを，マス目や数直線，式とつなげて学び合ったところで，「分数倍をかけていいのか」という最初の問いに思考を戻した。

T：$\frac{3}{5}$のところが，360になることはわかりました。つまり，どういうこと？

C②：$\frac{3}{5}$のところは360になります。だから，この式（600×$\frac{3}{5}$）でいいと思います。

C③：つまり，$\frac{1}{5}$は120で，$\frac{3}{5}$は$\frac{1}{5}$の3つ分だから360になる。600×$\frac{3}{5}$も360になりますよね。だから，600×$\frac{3}{5}$にして，かけてもいいということです。

T：C②さん，C③さんの言ったことを隣の人とお互いに話してみましょう。

理解したつもりが，話し始めると理解できていないことがある。子供たち全員の理解のためには，お互いに聴き合い，自分の言葉で話をさせる場面を設定することが有効である。

T：$\frac{3}{5}$倍については，600×$\frac{3}{5}$と式に書いて計算してよさそうだけど，次は何をしたらいいでしょう。

C④：違う分数で試してみればいい。

T：違う数で確かめるのは大切なことですね。前の勉強で，○○さんが考えて勉強していたことは，今日の勉強でもつながったね。C④さんに，○○さんの力が伝わっているね。

以前の学習で，違う数でもできるかどうか調べていた子供の考えが本時でも生かすことができている。このことを評価することで，学びの中で力のつながりを子供たちに意識させることができる。

子供の変容と本時のまとめ

数直線やマス目を使った説明を聴いたり，友達とわかったことを伝え合ったりすることで，自分1人ではわからなかったことも，理解することができた。

④まとめ

[授業の流れ]

適用問題　色鉛筆の値段は，筆箱（600円）の $\frac{6}{5}$ 倍です。色鉛筆の値段はいくらでしょう。

$\frac{1}{5}$ が120ということを使って，数直線上の $\frac{6}{5}$ 倍の6つ分についても確認したり，600 ÷ 5 = 120で $\frac{1}{5}$ の値段を出し， $\frac{1}{5}$ が6つ分で120×6 = 720と出したりして，600 × $\frac{6}{5}$ = 720という計算でも同じように答えが出ることを調べていくことができた。このことから， $\frac{6}{5}$ 倍や $\frac{3}{5}$ 倍にあたる大きさは，もとにする数に $\frac{6}{5}$ や $\frac{3}{5}$ をかけてよいということをみんなで確認した。最後に，式の意味を問うた。

T：600×2 = 1200って，どういう意味？

C：600が2個あるということです。

T：600× $\frac{3}{5}$ = 360って，どういう意味？

C④：600が $\frac{3}{5}$ 個あるっていうのは，おかしい。

この発言をしたC④は， $\frac{3}{5}$ 倍にあたる大きさが360になることを，わかろうとして友達に積極的に聴いていた子である。 $\frac{6}{5}$ 倍の問題では，数直線に数を書き込み，計算上（600× $\frac{6}{5}$ = 720）で出した数と同じになったと嬉しそうに発言した子である。 $\frac{3}{5}$ 倍でわからなかったことが，友達との学びの中で， $\frac{6}{5}$ 倍が720になることを自ら見いだし，さらに，上記の発言をした。この授業の中で多くのことを学んでいたことがわかる。

T：600× $\frac{3}{5}$ = 360って，どういうことなんだろう。

C：600を1としたとき，5個に分けた3つ分のところが360という意味です。

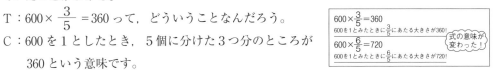

T：そうだね。600を1とみて， $\frac{3}{5}$ にあたる大きさが360というのが，この式の意味ですね。

かけ算は，いくつ分にあたる大きさを求めるだけでなく，倍を表す数が分数の場合も倍にあたる大きさを求めるときに使うということをまとめて授業を終えた。

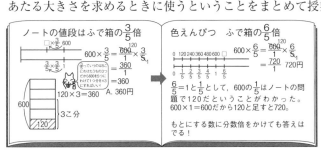

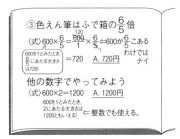

本学級における学習資料

[学習資料の概要]

　子供の思いを拾い集めたものを大切にしながら，学級全体の意識を高めていきたいと考えている。友達がどんな思いで学級の力になろうとしているのか，どんなことが友達の力になっているのかを全員で共有し，自分も取り入れていこうという動きにつながれば一人一人の力が生かされていく。そのために，本学級で取り組んでいる３つのことを以下に示す。

1 ◆ 掲示物について

①目指す授業像

　目指す授業像を掲示することで，全員が共通の意識をもって歩んでいける。目指すものが明確になっていることで，授業における自分たちの学びの姿を振り返りながら進んでいくことができる。本学級の学級目標「笑顔・協力・思い

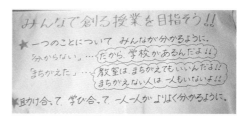

やり・一生懸命」を授業の中で具体化するとどうなるのか，子供たちと話し合ったものが上記のものである。教師の願いが根底にあるが，学級を支えるものとして活用するために，子供たち自身の思いを耕して表現したものを掲示することが大切である。

②学び合いを促す表現（表現された言葉にある思いを大切に価値付けること）

　学びの中で，子供たちは素晴らしい表現をする。表現された言葉には子供の思いがある。例えば，「ここまではいい？」という言葉には，友達を意識して，わかりやすく伝えようとする子供の思いがある。「○○さんが言いたいことは…」という言葉には，友達の考えていることを，なんとかみんなに伝えたいという子供の思いがある。子供たちが表現したものを集めて掲示するようにしているが，表現した言葉そのものが使えるようになることが大切なのでなく，その言葉がどんな思いで語られているのかを知り，その思いを学級全体で理解することが大切なことである。その上で，表現された言葉を使うことに価値が出てくる。

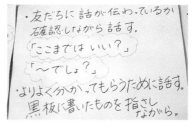

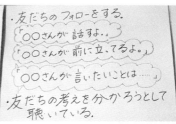

③ノート例

　友達の意見を聴いて,「なるほど」「わかった」ということにつながっていったところや,友達の力によって学びが引き出されていることをノートから見取り,教師が赤字で書き込んだり,ポイントになる視点を明文化したりして価値付けている。これらを掲示し,他の子供たちに見せることで,自分の中にも取り入れていくことにつなげていきたいと考える。

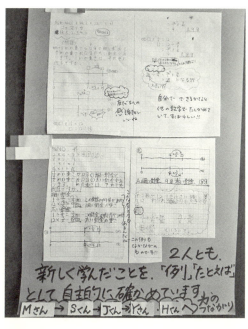

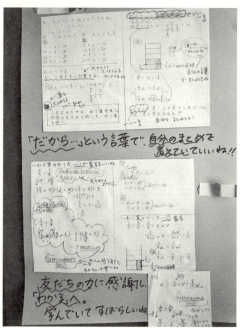
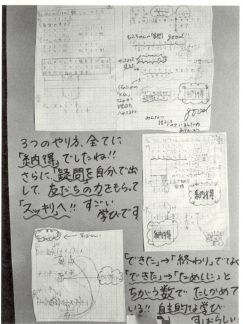

2 ◆ 授業の振り返り

　2つの視点で振り返りをさせている。1点目は、つながりの中で学びができていたかどうかについての振り返りである。自分が頑張ったことや力になった友達について振り返らせることで、授業を全員でつくり上げるという意識を高めることにつなげていきたいと考える。2点目は、本時の課題に対する学びについての振り返りである。適用問題で理解を見取ることができるが、既習とのつながりの中で、本時の学習を振り返り整理していくことで、理解を深めることができると考える。

　また、自己評価も合わせて行う。自分や友達がわかるために全力を尽くせたかどうかについて、できていれば A 、できていなかったら B とする。本時の授業の理解度について、「ばっちり」は ◎ 、「もやっと」は ○ とする。自己評価をして、自分の今の状況を明確にさせることで、次時の学習に向けて生かしていくことにつなげたいと考える。

　「ふり返りカード」での振り返りは、家庭学習として行わせている（毎時間でなく、学び合いを重視した学習時間において適宜行う）。以下に学びの様子の一部を紹介する（下線部は筆者）。

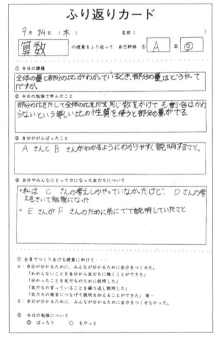

　「私がわからなかったとき、Yさんがノートにかいてある図を指さしてわかりやすく、ていねいに教えてくれた。」「わからなかったとき、Tさんが伝わりやすいようにと考えてていねいに教えてくれたのでわかった。」「わからない人がいるからこそ、自分がわからないところを見付けられたと思う。」「私は、Sさんの考え方しかやっていなかったけど、Mさんの考えを聴いて勉強になった。」「わからなかった所を聴いて、次のとき忘れないようにノートに書いておこうとした。」「答えが出た後も、確かめをして本当に正しいか確認をした。」「最初、班で話し合ったとき、Rさんの考えた式がわからなかったとき、Rさんにわかるまで自分から教えてもらった。」「同じ数をかけても割合は変わらないという等しい比の性質を使うと部分の量が出る。」等。

　振り返りの中で、主体的に学ぼうとする姿や支え合う姿、新たな学習課題を解くために既習を活用し、本時の学習とつなげて考えようとする姿を見いだすことができる。学びのプロセスの中での一人一人の思いや気付きを学級全体に広げていくことを丁寧に積み上げていくことで、よりよく学ぼうとする姿を高めていきたいと考える。

3 ◆ 学級だより

　学級の中で起きていることのよさを共有するために，日々の子供たちの素晴らしい姿をとらえ，週に一度，子供に向けて学級だよりを発信している。授業における学び合いの様子についてまとめ，発信したもの（一部抜粋）について以下に示す。

「円の面積は，正方形の面積の何倍か？」

　「円の面積は，円の $\frac{1}{4}$ にぴったりはまっている正方形の面積の何倍になるのか」という問題をみんなで考えを出し合っていきました。
　まず，「半径×半径×3.14」→「正方形の面積×3.14」だから，3.14倍になると，説明してくれました。一生懸命説明してくれましたが，全員の理解にはつながりませんでした。そこで，次の友達が出てきました。次の説明はこうです。「半径というのは，正方形の一辺と同じこと。半径×半径というのは，一辺×一辺と同じになる」と伝え，「半径×半径×3.14」→「一辺×一辺×3.14」→「一辺×一辺で正方形の面積がでる」だから，円の面積は，正方形の面積の3.14倍になると説明してくれました。でも，まだ全員の理解につながらず，「どうしてもわからない」と発言をしてくれる友達がいました。こういう発言をしてくれる友達がいるからこそ，本当の学びにつながっていきます。そして，具体的な数を使って説明をしてくれた友達がいました。例えば半径が10cmだとしたら，円にぴったりはまる正方形の面積は，「10×10＝100」，円の面積は「10×10×3.14＝314」そして，倍を求めるにはわり算を使うから「314÷100＝3.14」だから，3.14倍になると説明してくれたことで，みんなの理解につながりました。この説明の素晴らしさは，「例えば…としたら…」と具体的な数を入れて考えたこと，「倍を求めるにはわり算を使う」という既習を生かしたことでした。さらに，そのことを受けて「例えば，半径が5cmだとしても同じことが言えるのか？」ということを自分で考え計算を始めた友達がいました。そして，「5cmでも3.14倍になる」という答えを見いだしていました。この取組は大切なことなのです。なぜなら，算数では，違う場合だったら成り立たないという特殊な場合があるからです。特殊な場合を見付けていくことも算数の学習では重要な見方であるのです。そういった学びにつながる動きを見せてくれたこと素晴らしかったです。今回の学習の学びが豊かになったのは，『わからない』という発言をしてくれた友達と，『わからない』と発言した友達に寄り添おうとしてくれたみんなのおかげです。素晴らしい学びの姿をありがとう！！

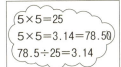

なんとなくしか最初はわからなかったけどYさんの考えを聞いて，「たとえば」をつかえばもっとわかりやすくなることがわかった!!

クラス全員がわかろうとがんばって発表していて感動しました。

AL実践 3 自分たちで問題をつくる授業

「岡崎・連尺モデルによる算数を楽しむ子」を目指した授業実践

▶ 本校が目指すアクティブ・ラーニングの取組

愛知県岡崎市立
連尺小学校

①子供たちは『持続発展可能な社会の担い手』である。②21世紀に必要とされるのは「実践力」である。将来を見据えて、教師はこの２つのことを意識する必要がある。そして、算数科においてできることは、ESDの視点に立ち、思考力・実践力を育む授業が可能性として浮かび上がった。そこでコミュニケーション能力を生かして筋道立てて考え、問題づくりから自ら生活へと広げて算数を楽しむ子供を育てることを目指した。

そのために私たちは、教科書を開いて１単位45分を前提とした授業過程モデル「岡崎・連尺モデル」を確立し、全教職員をチームとした授業力向上を目指す研究体制を整え実践を行っている。

かくれた数はいくつ（１）
全２時間／本時：第２時

[概要]

加法の順思考と逆思考を組み合わせた３要素２段階の問題の解決の方法が説明できるようにする。そして、問題、線分図、式を関係付けて考えを伝え合う中で、まとめてひく考えのよさを理解し、そのよさを生活へと広げる姿を育む。

公約数を使って
全11時間／本時：第10時

[概要]

公約数を使って、身の回りの問題を解決することを考える。具体的な問題場面と絵図・表などとのつながりを把握し、関係付けて考えを説明する活動を通して日常の事象の中で公約数を使うよさを理解し、そのよさを生活へと広げる姿を育む。

1
学校全体として，主体的・協働的な学習を目指すために

　小学校の子供たちは，1日のうちの大半を学校で生活し，担任教師による「授業」で学ぶという形で過ごしている。その「授業」は，持続発展可能な社会を担う子供たちの人間形成をする大切な場である。そこで，教師一人一人の「授業力」向上を中心に据え，授業過程モデルを「岡崎・連尺モデル」と命名し，問題解決学習へと誰もがチャレンジできるように全職員による研究体制を整えた。

　45分の授業の中で，主体的・協働的な学習を引き出すために次の3点が大切である。

①「5分で自力解決する」
　・子供が既習事項を確認し，解決の見通しを予想していく。
②「式と図と問題を関係付ける」
　・本時の既習事項に結び付く［子供が立ち止まる場］の発問を用意する。
③「振り返りで問題づくりをする」
　・生活経験へと結び付ける問題づくりによって算数の視点で生活を見つめる姿勢を養う。

　算数科の本質，すなわち「数理の発見」に迫るための思考力（筋道立てて考え得る姿），さらに実践力（生活へ広げ実践しようとする姿）を育むことこそ「算数を楽しむ」ことであり，そのような授業ができるようになりたいと教師は願い，実践を繰り返している。

2
学校独自の「授業過程モデル」を通して「自分たちで問題をつくる」姿を生み出す

　「岡崎・連尺モデル」の具現化に向け，次の5つのポイントを大切にする。

①数学的な考え方を育むために，単元の系統性を見極める。
②学級の実態を把握し，教科書の内容を教材分析する。
③子供の言葉から学習課題を設定する。
④集団解決の場で「似ているところはどこ」「○○ってどういう意味？」と立ち止まりをつくり，式・図・問題の3つの関係を把握して核心に迫る。
⑤適用題を解き，わかったことを明らかにして，問題づくりへと進む。

　私たちは，特に「振り返り」の場面から，子供たちが本時の新たな概念を確実に獲得し，さらに活用して生活へと目を向ける姿をとらえるための分析する力も要求される。

　また，現職研修の場において，「子供が作るセンスのよい問題づくりとは」と題し，教科書のこの頁なら，「この場面設定」「この数値」と互いに切磋琢磨し，授業に臨んでいる。

3
45分の授業の進め方

　いつでも，誰でも取り組めるように教科書を開いて1単位45分を前提とし，「見通し」から「振り返り」までの授業過程を次の6つから構成した。①場面把握をする（4分）→②課題設定をする（1分）→③見通しをもつ（3分）→④自力解決をする（5分）→⑤集団解決をする（22分）→⑥振り返りをする（10分）とした。各時間については，教材，学年，特別支援（通級）に応じて十分に幅をもたせ，それぞれの実態に応じて教師の判断としている。

①導入
場面把握をする
（4分）
自ら課題設定
をする（1分）

②自力解決
見通しをもつ
＜答えの見通し＞
＜方法の見通し＞
（3分）
自力解決をする
（5分）

③学び合い
集団解決する
※立ち止まりの場
（22分）

④まとめ
振り返りをする
＜適用題→振り返り
→問題づくり＞
（10分）

○［場面を把握する］では，算数的に大事な要素をつかむ。まず，教科書は閉じておく。教科書の絵の提示や，デジタル教科書から大型テレビへの投影など，絵や図を提示して問題文を2回読む。

○［自ら課題を設定する］では，発問「今日は何を勉強しようか」から，子供の言葉で課題を設定し，「○○したい」と板書する。

○［見通しをもつ］では，①発問「どれくらいになりそうか」（答えの見通し），②発問「どんな方法が使えそうか」（方法の見通し）によって個々の解決方法の見通しをここでもたせる。

○［自力解決をする］では，図や式を使い，できるだけ様々な方法をノートへかき出すように指示する。教師は机間指導と同時に，子供の考えを座席表にかきながら，5分間で意図的な指名を決定する。

○［集団解決する］では，まず方法を聞き合い，新たな考えの子を指名していく。発問「考えの似ているところは」，さらに発問「○○ってどういう意味？」から式・図（表）・問題を関係付け，本時の核心へと迫る。ここでわからない子が「なるほど」と納得するまで，「もう一度説明します」とよりよい方法やそのよさへと繰り返し説明していく。

○「振り返りをする」では，適用・評価・活用から新たな概念が生まれたかどうかを確認する。①教科書を開き，適用題を解く。②板書全体を見せて，わかったことをノートに記述，発表する。③今日勉強したことを使って問題づくりをする。

　子供たちはチャイムと同時にメモを取る態勢となり，高学年になれば自分たちで授業を組み立てるまで成長する。授業後に互いにつくった問題を解き合う姿も生まれるのである。

4 年間を通して主体的・協働的な学習をつくりあげる

算数科本来の「数理の発見」，すなわち，算数の本質に迫るための思考力を育むことこそ「算数を楽しむ」ことである。そのために，若手からベテランまで主体的・協働的なモデル授業を目指す。子供たちは，振り返りの発言や「問題づくり」から，場面設定や使用数値のセンスのよさを互いに磨き合うことで，筋道立てて考え，自ら生活へと広げる力が養われる。

1学期
「授業モデル①」
自ら課題を設定し，見通しをもって解決に向かう
◎校内授業研究

教師は，まず教科書を読むこと，前後の系統性を確認することから始まる。本時の「新たな概念は何か」によって立ち止まるポイントを決めていく。次に，子供たちが，算数の問題解決学習の6つの授業過程である「①場面把握→②課題設定→③見通し→④自力解決→⑤集団解決→⑥振り返り」を知り，自分たちで解決へと進められるようにする。「今日は何を勉強しますか」の発問で，「○○を知りたい，求めたい」と自ら問いをもった子供たちの勢いは45分間止まらない。

2学期
「授業モデル②」
集団解決で式・図・問題を関係付け解決に向かう
◎個別授業研究

教師は，算数科以外にも授業モデルをもとに問題解決を図り，子供たちのコミュニケーション能力を高めていく。考えの途中（ノートに書いてなくても）の方法や意見を全員が発言できるようにする。また，「⑤集団解決」において，図，式（表）などから「似ているところはどこ」と発問し，共通点を見付け出す視点を与えていく。逆に「相違点」に目を向ける子供が生まれ，さらに，「前に出ていいですか」と自ら図・式・問題をつなげて，「もう一度説明します」と次々と発言するようになる。

3学期
「授業モデル③」
振り返り（問題づくり）から新たな概念を生み出し，共有していく
◎授業研究協議会

1単位45分の授業の中で，「⑥振り返り」による子供の発言や問題づくりのポイントを共有していく。「○○さんの△△という考えから，□□がわかった」という発言から教師は，「みんなはどう？」と問いかけ，協働的に解決できたよさを伝えていく。また，問題を作成した子供には，「20円と30円にすると，ぴったり50円だから，まとめて計算すると‥」と理由を語らせることで，本当に活用できる場を見極める力を養う。

連尺モデルによる授業により，45分で問題解決するために教科書をよく吟味し，どの発言を生かすべきかなど，子供の姿や変容から互いに協議できる教師へと変化している。

かくれた数はいくつ（1） 第2時［全2時間］
線分図を利用して問題づくりをしよう

①導入

[授業の流れ]

T：＜教科書にある絵を拡大して提示＞
　話をします。あめとガムを買いに行きました。あめは30円，ガムは40円でした。ラムネも欲しくなって買ったら，全部で90円でした。もう一度言います。
　＜2回繰り返す＞（場面絵を黒板に添付）
T：書いたこと教えてください。
C：あめとガムを買いに行きました。
C：あめは30円，ガムは40円。
T：何か付け足すことある？
C：ラムネも買いました。ラムネも買って，全部で90円になりました。
T：どうですか？　やれそう？
C：うん。（多数の声）
T：はい，じゃあ，今日は何を勉強しようか？
C：ラムネは何円か知りたい。
T：いい？
T：うん。（多数の声）＜共通理解を図る＞
T：ノートへ。（板書「ラムネのねだんが知りたい」）

場面絵を提示しながら

[指導のポイント]

　まず，「①場面把握をする」では，子供は教科書を閉じておく。算数的に大事な要素（数値・算数用語など）をつかませるために，教師は教科書の絵を提示しながら問題文を2回繰り

返して読む。ここでは，3つの商品の関係となる情報「あめとガムの値段」「ラムネを購入」「全部で90円」を黒板に整理しておく。

　次に，「②課題設定をする」では，発問「今日は何を勉強をしようか」と全体に一度問いかけ，子供の言葉をもとに学習課題を設定する。低・中学年の場合，テンポよく指示や問いかけをして，子供の反応から全員が確実に場面を把握したことを確認することが大切である。

[ねらい]
　場面，線分図，式を関連付けて考えを伝え合う中で，まとめて引く考えのよさを理解し，説明し合うことができる。

[評価規準]
・問題場面や式，線分図を使った集団解決での説明をもとに，まとめて引くやり方を理解している。

②自力解決

[授業の流れ]

C：30円よりは少ないと思います。

C：90円よりは少ないと思います。なぜ90円より少ないかと言うと，全部のお金で90円で，だから，90円より少ないと思います。

C：たぶん，30円より少ないから，10円少なくして，20円。＜答えの見通し＞

T：じゃあ，どうやってやる？

C：えっと私は，ひき算でやります。

C：線分図でやりたいです。

C：3つの数字の線分図だと思います。

C：○さんにつけ足しで，ひき算とたし算を使います。

C：たし算，たし算をまとめた式。

T：線分図は使うよね。

C：うん。（多数の声）＜方法の見通し＞

T：じゃあやります。線分図を使ってね。5分。

T：（机間指導）

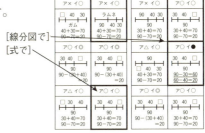
（座席表の一部から）
[線分図で]
[式で]

＜集団解決に向け机間指導をする中で，子供の考えを座席表にかき，指名順を構想する＞
　　・式で求める考え　・線分図で関係をとらえる考え

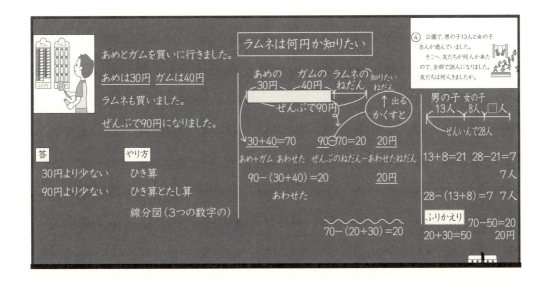

協働的な学習のポイント

「30＋40」の意味について考える，「立ち止まりの場」を設定する。「70」に着目し，「まとめて」「いっしょに」などと，線分図上での「とる」「かくす」などのキーワードとの意味のつながりについて式と線分図，問題を関係付けて考えるようにする。

③学び合い

[授業の流れ]

C：線分図は，まず，ちょっと小さい線を書いて，こうしてあめ玉30円と書いて，そして，この30円より長い線を書いて，そして，ガム40円と書きます。それで，また，この2つよりは長い線を書いて，それで，ここからここまでが，合わせて90円。ラムネのところに，僕は「知りたい数」と書きました。　　　　　　［線分図で関係をとらえる考え］

C：式は，30＋40＝70，90－70＝20，答え20円と書きました。　　　　　　［式で求める考え］

　　　　　　……

C：説明します。まず，あめとガムを買いに行って，あめは30円，ガムは40円でしょ。線分図で言うと，（線分図を指しながら）あめはここからここまでで，ガムはここからここまででしょ。式で言うと，あめの値段とガムの値段を足した式が30＋40でしょ。線分図では，ここからここまででしょ。

　　式と線分図，問題を関係付け，共通点を見付ける

T：ここからここまでが何？

＜「30＋40」の意味について考える　立ち止まりの場を設定し，「まとめてひく」よさに迫る＞

C：30＋40。（多数の声）

C：あめとガムを合わせた値段。（多数の声）

　　　　　　……

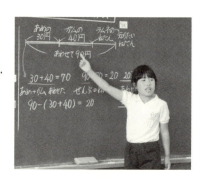

C：知りたいのはラムネの値段。だから，あめの30円とガムの40円（線分図を指しながら）を隠すと，ラムネの値段がわかるから，隠したあめの30円とガムの40円を足した式が30＋40＝70で，それで，この90－70は，合わせて全部で90円。あめの30円とガムの40円を足した70円を90円から引けば，ラムネの値段がわかるから，90－70＝20，答え20円です（子供に70円分のテープ図を渡し，合わせたところに貼る）。

T：ここ，90－70の意味なんだ。

C：ラムネの値段。

子供の変容と本時のまとめ

「まとめてひく意味」「まとめてひくよさ」に気付き始めた子供たちが,「振り返り(適用・評価・活用)」を通して,自ら新たな概念を確かなものにしていく姿を教師がとらえるようにする。

④まとめ

[授業の流れ]

T：次の問題にいきます。教科書④番,自分で読んでやってみてください。
　　<<略>>　　　　　　　　　　　　　　　　　　　　　　[適用題(適用)]
C：13＋8＝21。それで,28－21＝7。7人。
C：28－(13＋8)＝7。答え7人と書きました。
C：昨日の問題(加法の順思考と減法の逆思考を組み合わせ)は巻き戻しだったけど,今日は<u>隠す</u>と答えが出ました。たし算とひき算の式でもかっこが付くことがわかりました。
C：今日,1問目はわからなかったけど,みんなが前に出て<u>説明してくれた</u>のでわかった。それで2問目,すらすら解けました。
C：いろいろな人の説明で,自分は違う式だったけど,みんなの説明で,<u>他の式の意味がわ</u>かりました。　　　　　　　　　　　　　　　　　　　　　　[振り返り(評価)]
T：意味がわかったんだね。問題つくった人。
C：クッキーは<u>20円</u>です。あめは<u>30円</u>です。ガムをかったら70円になりました。ガムは何円ですか。　　　　　　　　　　　　　　　　　　　　　　　　　　[問題づくり(活用)]
C：<u>すごい簡単！</u>
C：20＋30＝50,70－50＝20,20円です。
C：<u>70－(20＋30)</u>,もう一度言います。70－(20＋30)＝20,20円です。

[見取りのポイント]

問題場面や式,線分図を使った集団解決での説明から,まとめて引くやり方を理解し,まとめて引くやり方を使って,問題を解決する姿が見られたかをとらえる。

[A児のノート(振り返り)]

1問目は線分図の3つがまちがっていて,式はなんとなく書いて20円をだしていました。でも□□さんが,線分図で<u>2つをかくすとのこりがわかる</u>と言ったので,2問目は,<u>まとめてひいて</u>すらすらできました。

[B児のノート(問題づくり)]

けしゴムとえんぴつを買いました。けしゴムは40円でした。えんぴつは60円でした。ふでばこもほしくなって買ったら,全部で350円になりました。ふでばこは何円ですか。

40＋60＝100　350－100＝250　250円

事例2 第5学年 自分たちで問題をつくる授業

公約数を使って　第10時［全11時間］

公約数を活用して問題づくりをしよう

①導入

[授業の流れ]

T：（方眼紙を静かに見せて）
　　＜教科書にある方眼紙を拡大して提示＞
C：方眼紙。
C：1目。
T：1目1cmの方眼紙があります。たては18cm 横は12cm。あまりが出ないように目盛の線にそって切ります。できるだけ大きい同じ大きさの正方形に分けたい。もう一度言うよ。＜2回繰り返す＞

拡大した方眼紙を提示しながら

C：1目1cmの方眼紙，たて18cm，横12cm，紙の余りが出ないように切る。できるだけ大きい同じ形の正方形に分けたいと書きました。
C：同じです。（多数の声）
T：課題かな？
C：できるだけ大きい同じ大きさの正方形に分けたときの1辺の長さを知りたいです。
C：同じです。（多数の声）
T：いいですか？
C：はい。＜共通理解を図る＞
T：（板書「正方形の一辺の長さを知りたい」）

[指導のポイント]

　まず，①「場面把握をする」では，教科書を閉じておく。算数的に大事な要素（数値・算数用語など）をつかませるために，1目1cmの方眼紙を提示しながら教科書の問題文を2回繰り返す。ここでは，必要な情報『余りが出ないように切る』『できるだけ大きな』『同じ大きさの正方形』『分ける』を黒板で一度整理しておく。

公約数を使って
1　1目1cmの方眼紙があります。たては18cm，横は12cmです。これを目もりの線にそって切り，紙の余りが出ないように，同じ大きさの正方形に分けたいと思います。

　次に，②「課題を設定する」では，発問「今日はどんな勉強をしようか」と全体に一度問いかけ，子供の言葉をもとに学習課題を設定する。高学年の場合，学習過程を理解しており，自分たちで授業を進める。大切なことは，課題の共通理解を全体に必ず図ることである。

[ねらい]
公約数を活用する意味を考え，具体的な問題場面と絵図・表などとのつながりを把握し説明する活動を通して，公約数を使って解決できることに気付くことができる。

[評価規準]
・身近な問題の解決に公約数の考え方が利用できることに気付いたり，公約数を使って解決できる場面を考えようとしたりしている。

②自力解決

[授業の流れ]

C：1辺は18cmより短くなると思います。

C：12cmより小さくなると思います。1辺の長さが同じなので，12cmよりは大きくならないです。＜答えの見通し＞

T：どうして長さが同じになるの？

C：正方形は，1辺の長さが，たてと横の長さが同じになるからです。

C：方法の見通しを言います。（多数の挙手）

C：約数を使ってできると思います。

C：最大公約数でもできると思います。

C：絵図でもできると思います。＜方法の見通し＞

T：やれそうですか，やれる？　5分ね。はじめ。

T：（机間指導）

＜集団解決に向け，机間指導をする中で，子供の考えを座席表にかき，指名順を構想する＞
　・絵図で試す考え　・公約数で求める考え

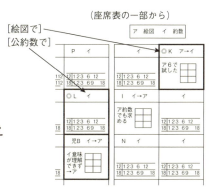

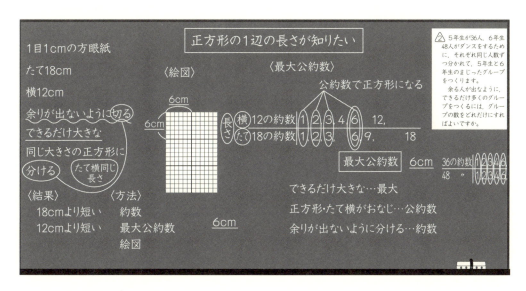

協働的な学習のポイント

「6」の意味について考える，「立ち止まりの場」を設定する。「6」に着目し，「余りを出さない」「正方形」「公約数」「最大公約数」などと，「同じ数ずつ」「分ける」などのキーワードとの意味のつながりについて公約数（表）と絵図，問題を関係付けて考えるようにする。

③学び合い

[授業の流れ]

C：ぼくは，絵図でやりました。まず，この方眼紙をここから，ここまでの（たて）半分に切り，次に，ここから6だったら正方形なので，ここも6なので，ここも，こっちに分かれて3個で6にならないといけないから，18cmを6で切ったら3つに分かれて正方形が6個になって，1辺の長さは6cmです。　　　　　　[絵図で試す考え]

C：ぼくは，最大公約数でやりました。まず横に長く1本線を引いて，その左上に12の約数，左下に18の約数を書いたら…12の約数は1，12，2，6，3，4で（もう一度繰り返す），18の約数は，1，18，2，9，3，6で12と18の最大公約数は6なので正方形の1辺の長さは6です。[公約数で求める考え]

C：絵図と最大公約数を結びます（絵図を指して）。12って言うのは，ここからここまで（横）の長さで，18って言うのは，ここからここまで（たて）の長さで，問題文では，たて18cm，横12cmのところになって，この6って言うのは，さっき○○が言ったように，上の6って言うのは，（正方形の）横の6cmで，下の6って言うのは，（正方形の）たての6cmになると思います。

　　　：　<公約数（表）と絵図，問題を関係付けて，共通点を見付けていく>

T：ちょっと待って，ちょっと待って，今，説明してくれてるんだけど，この6が何？　この6って言うのが？

　　　：　<「6」の意味について考える立ち止まりの場を設定し，公約数を利用する意味に迫る>

C：問題文のまず，余りが出ないように切るの，切るっていうことから，分けるって言う意味なので，わり算って言うことがわかって，えっと，余りが出ないようにって言うのは，約数…，余りが出ないように分けるという意味なので，ここの文から，えっと，約数って言うことがわかって…。

　　　：

T：それでは，隣同士で「6」の意味について説明して。

子供の変容と本時のまとめ

「公約数を使う意味」「公約数を使うよさ」に気付き始めた子供たちが，「振り返り（適用・評価・活用）」を通して，自ら新たな概念を確かなものにしていく姿を教師がとらえるようにする。

④まとめ

[授業の流れ]

T：それでは教科書を開いて，問題②を解きましょう。ノートへどうぞ。　[適用題（適用）]
　　<< 略 >>
C：ぼくは，約数でやりました。36の約数は1と36，2と16，3と12，4と8で，48の約数は1と48，2と24，4と12，6と8です。
C：36の約数で2と18，あと8のところが9になります。48の約数で3と16，あと8と6…。
　　　　　　　　⋮
C：○○さんが，「切る」というところから，「分ける」という意味がわかり，「分ける」ということは，約数ということがわかり，同じ大きさの正方形というところから，公約数ということが<u>わかるって言ったときに</u>，約数，公約数という<u>意味がわかりました</u>。
T：この中にもありますね，同じような似たようなところがね。余りが出ないように，とか。
C：できるだけ多く…　（多数の声）。
T：できるだけ多く，とかね。こういったところを見付けられると，いいかなって思います。
T：自分の問題をつくってみた人？　　　　　　　　　　　　　　[振り返り（評価）]
C：56個のあめと72個のクッキーがあります。余りが出ないように，<u>一番多くの人にあげます。分けるあめとクッキーの数はそれぞれ一緒です。何人の人に分けられますか？</u>という問題をつくりました。　　　　　　　　　　　　　　　　　　　　[問題づくり（活用）]

　　　<チャイム後：つくった問題を互いに解き合う>

[見取りのポイント]

　2つの数とも同じ数ずつに分けたり，2つのものを同じ内容のグループに分けたりする関係を理解し，公約数を使って，問題を解決する姿が見られたか。

[A児のノート（振り返り）]

○○さんの説明で1，2，3などが何を意味するか，△△の意見から，公約数を使うと面積など，<u>日常的なことを解決できる</u>ことがわかった。自分で問題をつくったとき，<u>どんな公約数が使えるか考える</u>こともおもしろいと思った。

[B児のノート（問題づくり）]

高さ28cm，よこ35cm，たて21cmの直方体のオアシスがあります。それをあまりが出ないように同じ大きさの立方体に分けて使います。できるだけ大きく切るには，一辺を何cmにすればよいですか？

主体的・協働的な学習を充実させる校内研修体制

[校内研修体制の概要]

　いつでも，誰でも取り組めるように教科書を開いて1単位45分を前提とし，教師一人一人の「授業力」向上を中心に据えて，全教職員をチームとした「学校力」向上を目指す。「見通し」から「振り返り」までの指導過程を「岡崎・連尺モデル」と命名し，全職員が，同様の視点をもって研究実践を重ねることで，主体的・協働的な学習へと向かうことができる。

1 ◆ 指導案をもとに事前研究

　作成した指導案をもとに，授業者が教室を使い，参観予定の教師は子供役となり，模擬授業を行う。ここで，目標，教師支援等を知っておくことで，「自分ならこうする」という視点をもって授業観察に臨み，協議会での主張も，他の教師の考えを聞く姿勢もずいぶんと変わる。

　事前研修では，子供の立場から，教師の出はよいか，関係付けるための立ち止まりは適切か，他の支援はないかなど意見交換する。授業者も支援の幅を広げ，授業に臨むことができる。これが，個々の子供たちへの温かい対応である。

教師が子供役になって発言

2 ◆ 研究授業と授業協議会

[研究授業の視点とねらい]

　教師は，5分×9人＝45分で時間を区切って授業記録を取っていく。そこでは，教師の発問，指示や動作，声かけ，子供の発言や活動はもちろんのこと，気になる子のつぶやき，表情も記録していく。「岡崎・連尺モデル」では，①関係把握力，②コミュニケーション能力に視点をおき，子供たちの思考力・実践力の深まりの変容を追うことが大切にしている。

　なぜつぶやいたのか，誰の考えにうなずいたのか，どこで困ってしまったのかなど，記録を重ねることで，私たちは発言する子供以外も観察するようになった。ノートに記したことと違う発言をした子供，あるいはノートにないことを発言した子供も逃さない。つまり，何かに関係付けて思考を深めようとする姿を大切にしていることにつながる。

子供のつぶやきや表情まで記録

[授業協議会の視点]

　授業後，授業記録や板書記録を印刷・製本し，配付をして協議会前に読み返す。教師の支援が有効であったかどうか，子供の姿から全教職員チームで協議する。

　例えば，3年「かくれた数はいくつ（2）」の授業では，予定していた発問から，実際の授業の中での発問へと焦点化している。子供たちが方法を説明する中で，数

授業記録から（一部抜粋）

○立ち止まる場面での発問
＜指導案で＞
「『まとめてA』と『べつべつにB』の方法の似ているところはどこ」
↓
＜事前研修で＞
「AとBの似ている考えは」
↓
＜実際の授業の中で＞
「AとBの意味は同じ？」

B	49	Aさんと式がちょっとちがって，17＋（5＋8）＝30　30 わとかきました。理由は，とんでいったのをまとめてとんでいったようにして，5＋8＝13　13＋17＝30で，もとのように戻るので，最初の式にしました。
T	50	今ちょっと，「ん？」って言った子がいるけど，手を下ろしてください。うーん，Aさんのこの考え方と，Bさんのこの考え方はちょっと違ってって言ったんだけど，意味は同じ？
C	51	考え方違う。答えは同じ。
C	52	順番が違う。（　）がついてるだけ。
C	53	Bさん（　）をつけてAさんのは式で順番にやった。
C	54	やり方違っても答えは同じ。

値や解き方そのものの共通点を語り始めたので，教師T 50は「意味は同じ？」と瞬時に判断したのである。その後，子供たちは，それぞれが思い思いのつぶやきをしたり，隣同士で話したり，中味をノートと見比べたりする活動をした。記録用紙にメモを残し，各教師が細かくこのように表情を見ることで，なぜ，よりよい方法へと向かっていったのかを分析することができるのである。

[授業協議会の流れとねらい]

　1単位45分が勝負。教科書1ページの内容で，子供たちが習得すべき新たな概念を形成できたかどうかを判断する。だから，若手もベテランも協議に参加できる。もちろん管理職もである。「私なら，『意味は？』と発問して，そのあと『5＋8ってどういうこと？』と問い返しますね。子供はきっと，線分図と問題にある飛んでいったハト13羽にも目を向けて，『まとめて考える』意味にぐっと迫るでしょうね」と理由まで付けて代案を出す姿もある。これらを聞いた若手は，メモを取りながら「なるほど」とうなずくのである。

協議会の流れ
＜授業協議会＞
○準備するもの
　・授業記録
　・板書記録
　・振り返り記録（ノート）
○協議会の流れ
　①資料読み10分
　②感想交流10分
　③柱立て［連尺モデル］
　　A自力解決より
　　B集団解決から
　　（黒板に板書していく）
　④協議30分
　⑤助言者による指導・助言
　⑥授業者の反省と課題
　⑦校長謝辞

　ここでは，授業者にねぎらいの言葉を発しない。なぜなら，教師自身が子供の姿を通して学ぶ場であるからだ。本モデルによって解決すべき「問い」をもった子供たちが，様々な考え方で解き方を発表し，それらをどのように関係付けていくとよいのか，目の前の子供たちであったらどうするかを教師は真剣に考えるからである。

3 ◆ 協議会の資料をもとに事後研究

　授業者は，協議会での代案，資料をもとに研究実践をまとめる。たった1時間ではあるが，子供がどう変容したのか，教師の支援は有効であったのかを読み返し，主体的・協働的な授業を生み出すために研究実践を生かすことで，「授業力」は確かなものになる。

AL実践 4 ふきだし法を活用する授業

「自ら問える子供を育てる」ことを目指した算数の授業実践

▶ 本校が目指すアクティブ・ラーニングの取組

千葉県千葉市立
海浜打瀬小学校

　教師が教材の本質を理解し，それに向かう子供たちの追究活動を支える。子供の本音に寄り添い，その思考を妨げないように教師は支援する。子供は自分の知的欲求のまま，1人で解決したり，友達と相談したり，自由に学習活動を行うことを第一としている。その際，子供は活動の算数的価値を知っていることが不可欠である。そのため，教師は入念な教材研究と発問の吟味を経て，授業に臨むことになる。それにより，稚拙な言葉を子供たちと練り上げ，価値のある言葉へと昇華させることができるようになる。子供は，自分の考えや思いを自由にふきだしに表出させ，それらの言葉を手がかりとして思考を深め，他者と主体的に関わっていこうとする。ふきだしの言葉をきっかけとして，アクティブ・ラーニングに取り組んでいる。

三角形・四角形の角
全10時間／本時：第9時

［概要］
　三角形の内角の和が180°であることを基にして，四角形の内角の和が360°になることを演繹的に考え，説明する。自力解決における求め方についての疑問やつまずきを大切にし，学級全体で深め，筋道を立てて考えることに興味をもたせる。

速さ
全6時間／本時：第1時

［概要］
　子供たちは，日常生活において漠然と「速さ」に接している。数値化されて表現されている速さは，そのほとんどが，実際に目にしている「瞬間の速さ」ではなく「平均の速さ」であることを吟味しながら「速さ」の本質に迫る。

1
学校全体として，主体的・協働的な学習を目指すために

　算数科の学習が，だんだん嫌われていくのはなぜだろうか。低学年のうちは，「はいはい」と元気よく手を挙げ，積極的に学習に参加している子供の姿が多く見られる。こうした子供たちが，いつしか，「先生，次は何をすればいいですか」と，受け身となるのはなぜだろうか。本校教師集団の，このような疑問から，授業改善が始まった。

　子供が主体的に学習に取り組むには，子供の本音に耳を傾けるとともに，誤答や解決途中にある取組を大切に取り上げながら，算数をつくりあげる過程の楽しさやよさ，方法の素晴らしさを味わえるようにすることが大切である。単なる活動欲求ではなく，算数的価値観を磨くことを意欲の高まりととらえ，「価値観の表れや高まりを大きく称揚できる学習活動を目指したい」と考えている。

　子供は，既習の学習内容を活用して，1人で解決に取り組むこともあるだろう。一応の解決を導いた後「他者の考えを知りたい」と考えることもあるだろう。また，解決への糸口すらつかめずに，助けを求めることもあるだろう。そのように，子供の知的欲求を瞬時にとらえ，それを妨げることなく支援することが，我々教師に求められている。自分で，または他者と協働して答えを導く，その楽しさを子供たちが存分に味わうことが，次の学習への意欲となり，問いを連続してもつことに繋がると考える。

2
学校独自の資料を活用して，子供たちの主体性を伸ばす

　本校で使っている子供たちへの資料は，「学習中に使いたい言葉」という掲示物1種類だけである（p.100参照）。そこには，45分の学習の流れの中で，代表的な「使いたい言葉」が数種類だけ提示されている。それを参考に，子供たちは教師と協力しながら，学級独自の言葉を生み出していく。それは，学級内で頻繁に使われることにより，学級の文化として定着していくことになる。言葉が増えていくということである。

　子供の活動を教師が価値付け，そして子供と共に言語化していく。その言葉は，「○○君が，○○の授業のときに使った言葉だ」と具体的な場面や活動を伴って，子供の中に取り入れられていく。その営みが学習であり，それを支えるのがふきだしである。

　本校の目指す「自ら問える子」は，「自ら問える教師」からしか生まれないとの考えに基づいて授業改善に取り組んでいる。教師自身が自らの発問や教材理解の程度を認識し，子供の本音に寄り添って授業に臨むために，指導案に発問や予想されるふきだしを書き込み，自らの授業力を常にチェックしながら，その向上を目指している。

3
45分の授業の進め方

　導入では,「どうなるんだろう」「なぜなんだろう」と子供が疑問をもつことが大切である。「知ってるあのことを使えば解けそうだ」「解いてみたい」と子供が思う導入ができれば,その後は,子供の本音に寄り添い,子供の思考の流れを妨げないように配慮して,学習を展開していけばよいと考える。

①導入
子供の気付きから課題を焦点化する

　素材が提示された瞬間から,子供はふきだしを使って自分の思いや考えを自由に書き留めていく。教師は,その中から「算数的価値のある言葉」「本時のねらいに向かっている言葉」を取り上げ,全体に返す。それらの言葉を子供たちと整理することで,課題が焦点化される。

②自力解決
自分で,集団で課題を解決する

③比較検討
全体で,よりよい方法を考える

　自分の考えで解決していく。その際,解決の糸口が見付からない子供は,友達に考え方を尋ねることで集団での解決に向かっていく。
　解決を1つ見付けた子供は,その筋道を整理したり,2つ以上の解法を探ったりしていく。筋道に破綻がなければ,また,2つ以上の解法で同じ答えにたどり着けば,その答えは正しいことの証明になるからである。その考えを,友達に伝え合い,互いの考えを比較しながらよりよい方法を探っていく。その輪が自然と大きくなり,本時の目標に一旦たどり着く。さらに,「いつでも使える」方法を探すために,数値や形を様々に変え,その方法の一般性を確かめていく。いわゆる適用の問題も子供自らつくり,試して解いていく。

④まとめ
大切にしたいことを言葉にして残す

　本時,解決に至る過程で大切だったこと,例えば「表にすればきまりがわかりやすい」「小さな数から考える」などの言葉を,子供はふきだしを使ってノートに書き留めている。それを,教師は取り上げ,全体で確認する。また,その考えで導かれた一般化された簡潔な考えをまとめとして,ノートに書き残していく。

　このように,課題に対して子供たちが「解きたい」「知りたい」という意欲をもって,学習に45分間取り組むことが大切である。1人で行うか集団で行うかについては,子供たちの知的な欲求を優先したい。

4
年間を通して，ふきだしの質の向上を図り，主体的・協働的な学習をつくりあげる

　子供が学習中の思考に使う言葉は，教師の言葉を獲得することで，自分の言葉として活用するようになるものだと考えている。教師が授業中に，価値ある言葉を多く使うことで，子供の言葉の質が向上していく。また，多様な考えや方法に接する機会を積極的につくることで，子供は他者の考えに興味・関心をもつようになっていく。

前期・前半 算数的なよさに触れる	算数のよさ，数理的に処理することのよさに触れる機会を多く設定する。子供から出た考えを発展させ，この学習の先にあるものを示唆することも，子供の算数的な価値追究の意識を高めるのに有効である。例えば，6年生の対称図形の学習で，線対称の図形は回転体の断面になっていることなどである。
前期・後半 他者の考えに出会う	算数的なよさを追究する意識が高まると，当然，他者の考えを早く知りたくなってくる。そのような子供の素直な知的欲求を，教師が瞬時に見取り，自由に意見交換することを奨励していく。「知りたい」というお互いの欲求が一致していれば，話合いは自然と深まっていく。その際，お互いのふきだしや考えを見せ合い，説明し合って考えを深めていく。これらは，学級内の学習の規範が定着していることが前提となる。
後期・前半 考えを練り上げる	自然発生的なグループでの話合いが定着すると，より多数で，よりよい解決方法を探っていく。自分たちの考えが正しいことを説明するために「他の数ではどうだろう」「どんなときでもできるだろうか」など，自分たちの考えを様々な場合に適用し，よりよいものへと練り上げていく。
後期・後半 より価値の高い考え，方法を見いだす	教師は，子供一人一人の状態を把握するために，子供たちの中に入り，ノートに書かれたふきだしやその子の表情を見取っていく。この時期になれば，基本的に授業は子供たちが主体で進められるようになっている。教師は，考えが滞っている子供の支援を中心に行うことになる。

　考える楽しさ，みんなでつくる楽しさを知っている子供は，知的な欲求に溢れ，自ら学ぼうとする。それを支えるのは，的確な児童理解と深い教材研究である。

三角形・四角形の角　第9時［全10時間］
三角形の角の和をもとに考えよう

①導入

［授業の流れ］

T：昨日の授業の振り返りで，三角形の内角の和は，いろいろな求め方でやっても全て180°になったことに驚いた人がたくさんいました。Cさんは，「どの三角形も180°になる。180°には深い理由がありそうだ」と書いていました。

〈子供がかいたふきだし〉

T：それでは今日は，何を学んでいきたいですか。
C：四角形！

＜本時で扱う一般四角形を提示する。教師は，子供が自由に発言をしたり，ふきだしに思いを書き留めたりする内容について，読み取る＞

C：きっと360°だよ。
T：え？　本当かな？　Cさんはふきだしに，こんなことを書いているよ。
C：簡単な場合から考えたらわかる。
T：どういうことかな。
C：正方形や長方形は，直角が4つだから90°×4で360°になります。

C：確かにそうだね。なるほど。
T：Cさんは，「切る」と書いているよ。どう切ろうとしているのかな。
C：四角形を三角形2つにしようとしているんだよ。三角形ならもうわかるから。
T：では，三角形の学習を活かしながら，今日の四角形の内角の和が本当に360°になるのか確かめていきましょう。

［指導のポイント］

■ふきだしをもとに課題を焦点化する

　前時と本時のつながりを意識するため，前時で書いた振り返りを紹介し，本時で扱う四角形を提示していく。そのときに子供が書き留めたふきだしの中から，既習との結び付きのあるふきだしを取り上げる。簡単な図形である長方形や正方形の内角はどうなるのかを考えていくことで，「四角形の内角の和が360°になりそうだ」という見通しをもてるようにしていく。また，子供が無意識に書いた三角形との関わりについて質問することで，素材における課題を明確にし，「三角形の学習を活かしながら」とすることで本時の課題を焦点化する。

[ねらい]
　三角形の内角の和のきまりをもとに，四角形の内角の和を求める。

[評価規準]
・三角形の内角の和をもとに，四角形の角の大きさを考えている。

②自力解決

[授業の流れ]

　前時の求め方をもとに，四角形の内角の和を求めていく。

・実際に分度器で測定をして計算をする。
・四角形の4つの角を切り取って，1箇所に集める。
・同じ四角形4枚を使って，それぞれ違う角を1つの頂点に集める。
・対角線を1本引いて，2つの三角形に分けて計算する。
・対角線を2本引いて，4つの三角形に分けて計算する。

[指導のポイント]

■ふきだしを書くことで解決の過程を振り返りながら，問題を追求していく

　子供は，「まずは，角を測ってみよう」「頂点を合わせると」「2つの三角形に分けられるから」などのふきだしを書きながら，解決の見通しをもつ。さらに，「やっぱり360°だ」「これはかんたん」「本当にこれでいいの？」「あれ，おかしい」などと書き留めながら，自分の解決の過程を振り返る。そこから教師は，新たな問いをもっている子供を把握することで，比較検討の見通しをもつ。

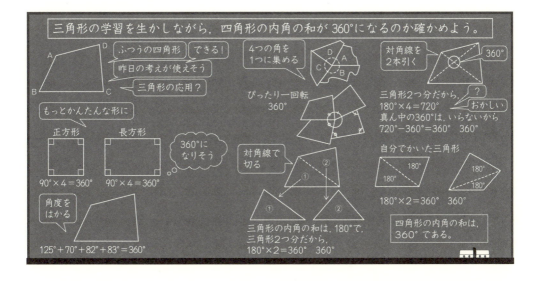

協働的な学習のポイント

子供の不完全な表現や稚拙な言葉などの中に素晴らしい気付きが隠れていることを教師が理解した上で，疑問や驚きなどの素直な思いを取り上げて，学級全体で学習を深めていく。

③比較検討

[授業の流れ]

T：本当に360°になったのか，求め方を説明してください。
C：実際に角度を測って，たしました。360°になりました。
C：計算すると，なかなか360°にならなかったよ。正確に測れなかった。
C：切ったり，集めたりすると360°になりました。
C：でも，ぴったり合わせるのが難しかったよ。
T：昨日のやり方と同じようにやったのですね。
C：対角線を1本引いて，四角形を2つの三角形に分けました。三角形の内角の和をもとにして，180°×2で360°とわかりました。

なるほど！　このやり方もあった！

T：この求め方をした人は，多かったですね。
C：測らなくても簡単にできる。このやり方がいいよ。
T：Cさんが「あれ？　おかしい」と書いていました。Cさん，どういうことですか。
C：対角線を2本引いて，三角形を4つにしました。三角形の内角の和をもとに考えると，180°×4で720°になってしまいました。どうして360°にならないのかわかりません。
T：誰か黒板で説明できる人はいますか（間違いや悩みから学習を深める）。
C：真ん中の角はいらないからだよ。
C：えっ？　どういうこと？　わからないよ。
C：真ん中の部分は，4つの角ではないから引かなくてはいけないんだよ。
C：ああそうか。やっとわかった！
T：それでは，他の四角形でも360°になるのかを確かめてみましょう。
T：自分で四角形を描いて，内角の和を求めてみましょう。どんな求め方をしますか。
C：対角線を1本引いて，2つに分ければいいでしょ。計らなくても簡単にわかる。

あれ？　対角線をいれれば

Cさんの考え，おもしろい

思いつかなかった

スッキリ

すごい！

[指導のポイント]

■ふきだしを生かした比較検討の流れを組み立て，学び合いを深める

　様々な求め方で360°になったことを確認した後，2本の対角線を引いたことで，内角の和が720°になり，「あれ？おかしい」とふきだしに書いていた子供を取り上げる。子供の悩みを学級全体で話し合うことで，四角形の内角の和が360°になることの理解を深めていく。

子供の変容と本時のまとめ

ふきだしを見返しながら振り返ることで，価値ある言葉や考え方を再確認したり，学習過程における自己の情意面の変容に気付いたりできるようにしながら，まとめをする。

④まとめ

[授業の流れ]

T：自分でかいた四角形の内角の和も，すぐに求めることができていました。なぜですか。

C：2つの三角形に分けて考えたからです。

C：対角線は1本引いて求めるやり方が一番わかりやすいよ。

C：対角線が2本だと，真ん中の360°を引かなくてはいけないよ。

C：三角形をもとにすれば，簡単だ。

T：今日の授業で，四角形の内角の和が360°になることを確かめることができましたね。「本当にこれでいいの？」と考えて，いくつもの求め方で考えていくことができたことがすばらしいです。

T：今日の授業で，大切だと思った言葉はありますか。　　180°をもとに　　もうすぐにできそう

C：三角形をもとにする！

T：この1時間で書き留めたふきだしをたどりながら，学習を振り返ってみましょう。

[指導のポイント]

■ふきだしを見返しながら振り返り，自己評価をする

本時の中で書き留められたふきだしをたどりながら，学習を振り返る。そうすることで，自己の変容に気が付いたり，学習の成就感や発見，驚き，新たな課題への意欲などを確認したりしながら，主体的に自己評価をすることができる。

[A児の振り返り]

どんな四角形でも360°になるなんてびっくりした。簡単な場合から考えてよかった。昨日とつながっていた。三角形に分ける方法が一番簡単だ。五角形や六角形でもできそう。五角形は，180×3かな？ 360°の2倍かな？

[B児の振り返り]

四角形を2つに分けて，三角形をもとにして考えました。C君が苦戦していた対角線を2本引くやり方は，ぼくはできないと思ってやめました。でも，みんなで360°になることを発見できたことがすごかったです。

事例2 第6学年 ふきだし法を活用する授業

速さ 第1時［全6時間］
速さの意味を知ろう

①導入

［授業の流れ］

T：「速さ」と聞いて、どのようなことが思い浮かびますか。
C：新幹線。
C：それって速いモノじゃない。
C：足の速さ。
C：○○さんが、一番速いよね。でも、新幹線には勝てない。
T：いろいろな「速さ」があるね。でも、「速さ」って全部同じかな。
C：新幹線はキロメートル。足の速さは秒で表すね。なんか、変だな。
　※子供たちの思い思いの発言を黒板に書き留める。

T：いろいろな表し方がありそうですね。では、この3人で、誰が一番速いと言えますか。
　※子供たちは、自分の考えをふきだしを使って書く。教師は子供のふきだしを確認する。
T：「Jさんが一番速い」って書いてある人が何人かいますよ。
C：秒が一番少ないからじゃない。でも、道のりが違うよ。
T：GさんとDさんでは「Dさんのほうが速い」と書いてある人もたくさんいます。
C：その2人は道のりが同じだから、秒で比べても大丈夫。
C：DさんとJさんでは、どっちが速いかわからないね。
C：でも、実際はどっちかが速いんだよね。
C：1秒あたりとか、10メートルあたりとか、どちらかをそろえたらわかるよ、多分。
T：では、今日は、速さの比べ方を考えてみましょう。

［指導のポイント］

　子供は、「速い」「遅い」という感覚はもっているが、実は漠然としたものであること、また、絶対的に「速い」「遅い」という感覚は誰でも共通していることを確認する。そして、どんな「速さ」も、感覚ではなく確かな情報とするための表し方を考えていく、という見通しをもつ。教師は、机間指導をし、子供の書いたふきだし（内言）を取り上げる。全体の場で異同弁別をすることで、本時の学習課題、道のりも時間も違う2つの速さを比べる方法を考え出すことを全員が共通理解できるようにする。

[ねらい]
　単位量あたりの考え方を用いて，速さを表そうとし，実際の場面と結び付けて考えることができる。

[評価規準]
・単位量あたりの考え方を用いて，速さを表そうとしている。また，実際の場面と結び付けて考えようとしている。

②自力解決

[授業の流れ]

※子供たちは一斉に本時の課題に取り組む。どうしたらそろえられるかについて思い浮かばない子供は，ノートを見返したり，自分の席を離れて考えの進んでいる友達に解法のヒントを尋ねたりして，集団での解決を図っていく。

※1メートルあたりでそろえる方法を考えた子供の中には，求めた値が小数でわかりづらいことから，他の方法はないかを考えている。

＜自然発生したグループでの話合い＞

C：0.14 と 0.15 で 0.14 の方が速いっておかしいよ。大きい方が速いはず。

C：でも，1メートル進むのにかかる時間を求めるために，道のりでわっているから，「1メートル進む時間は短い方が速い」でいいと思う。

C：そっか。でも，わかりにくいよ。

C：50 メートルと 40 メートルだから，それぞれ 200 メートルにして考えるとわかりやすくなりそうだよ。

C：28 秒と 30 秒になるね。やっぱり，この方法がわかりやすいよ。

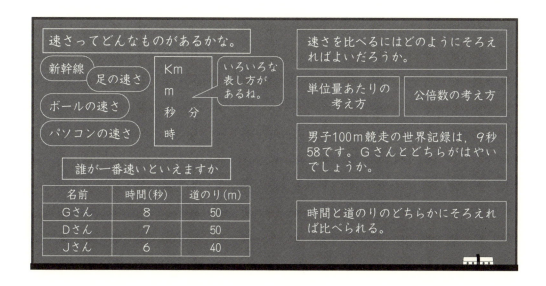

協働的な学習のポイント

「計算ではこうなっているけど,実際の生活ではこんな風にならない」といった,ふきだしに表れている子供の本音を取り上げて学習を進めることで「速さ」の本質に迫っていく。

③比較検討

[授業の流れ]

T：時間を基準にした人,道のりを基準にした人がいましたね。
C：どっちにそろえても,比べられたよ。
T：式を黒板に書いてください。
　※別の子供が説明をする。

$40 \div 6 = 6.6$
$6 \div 40 = 0.15$

> でもこれさんすうだからできるはなしだよね!?
> 200mも走ったらさいごのほうはいきぎれしちゃう

C：今日の数字の場合,わり算が小数になって,間違えやすいです。だから,どちらかの公倍数で比べたほうが計算間違いをしないし,わかりやすいです。
C：でも,50メートル走った速さで,200メートルまでずっと走れるとは思えない。
C：実際ではあり得ないよね。スタートしてすぐは遅いはずだよ。
C：200メートルも走ったらばててしまうよ。
T：なるほど,では,公倍数の考えは間違っているということですか。
C：間違ってはいません。算数の世界で考えているから,いいんです。1メートルや1秒でそろえる方法も同じです。スタートからずっと同じ速さで走っていると考えるから,数字で表せて,他の速さと比べられます。なので,実際はあり得ないけど,算数の世界で考えると比べられるようになります。
C：それから,1メートルや1秒にそろえる方法は,どんなときでも使えます。65メートルを9秒で走った人をつくって計算したら,公倍数の方が大変になりました。
T：なるほど。単位量あたりの大きさでそろえる方法は,いつでも使えそうですね。

[指導のポイント]

　算数の学習では,理想化して考えている場面がほとんどである。実際の生活での事象から余分なものをそぎ落とし,必要な要素のみで考えていることを日々の授業の中で折に触れて取り上げていくことが大切であろう。
　また,「他の場合はどうだろう」「数値を変えると」といった問いは,普段から教師が子供たちに問いかけているからこそ,子供たちの思考（内言）に使われていると考えている。また,多様な考えは,その答えが正しいことの保証になることを子供が知っていれば,自ら進んで多様な考えを導き出そうと主体的に取り組むようになっていく。

子供の変容と本時のまとめ

今まで漠然としていた「速さ」を，数値で表すよさを実感することができた。また，多くの場合，瞬間の速さではなく平均の速さで表していることを知り，速さの理解が深まった。

④まとめ

[授業の流れ]

T：それでは，今日の学習で大切だったことは，どんなことですか。学んだことは，どんなことですか。

C：速さは，時間か道のりのどちらかをそろえれば，比べられる，ということです。

T：でも，「ちょっとわかりにくい」と書いている人もいましたよ。

C：道のりでそろえると，わり算した答えが小さいほうが速いです。なんとなく，「数字が大きい方が速い」のほうがわかりやすいので，時間でそろえたほうがいいと思います。

C：私もそう思います。でも，50メートル走やオリンピックのマラソンや100メートル走は，小さい数字のほうが速いよ。

C：確かに，変だけど。でも，それってわかりやすいよ。

C：距離が決まっているものは，時間で比べているのかもしれない。

T：速さの表し方は，その場合によって適した方法が使われているようですね。それでは，明日からは，様々な場合の「速さ」について考えていきましょう。

[見取りのポイント]

　本時の素材では，数値が小数であったり，直感的に数値の大小で比較できなかったりする。図を使うなどして，根拠をはっきりと，論理的に考えを導いているかどうかを見取っておきたい。また，教科書で取り上げられている数値は，本時のねらいに的確に迫れるように丁寧に吟味されている数値になっている。実際の生活の場面で，本時で学んだことが応用できるように，振り返りの中で見取っておく必要がある。

[A児のノート]

　1秒あたりの進む距離を求めたとき，最初は間違えてJさんが速いと思ったけど，いろんな方法でやってみたら全てDさんの方が速かったのでおどろいた。自分てきには，○○ちゃんの方法がわかりやすかった。

[B児のノート]

　やはり，現実ではありえないことが算数ではありえるって考えるのがおもしろいし，便利。速さも奥が深そう。そして，やっぱりボルトは速い。まとめの方法を使えば楽になる。

協働的な学習を充実させる「学習資料」

[学習資料の概要]

　子供が活用している資料は，教室掲示の1種類である。その他は，教師が活用する資料である。「自ら問える子供は自ら問える教師からしか生まれない」との考えから，教師が教材研究をし，算数の本質を知り，発問の質を高めていくことが大切と考えているからである。

1 ◆ 児童用：教室掲示資料（資料1）

　子供が思考に使う言葉は，外言から徐々に獲得しているとすれば，まだ言葉が少ない低学年のときには何らかの補助があるべきであろう。1～6年生の全学級で，同じ内容のものを掲示し，子供の言葉の獲得の拠り所とした。必要最小限の言葉だけ掲示し，学級内での授業を通じて多くの言葉をつくり上げていくということである。併せて1時間の学習の流れと算数の領域を示し，授業の流れを視覚的に理解できるようにしている。

資料1　教室掲示資料

[使い方]

　言葉の少ない低学年では，授業の節目で掲示物に着目し，どの言葉が使えそうか考える時間を設定する。徐々に，掲示物へ向かう教師の助言を少なくしていくことで，子供は自分の言葉で考えるようになる。その際，ふきだしやつぶやきに表れる子供の言葉は，まだ稚拙である場合が多い。それらの言葉を学級全体で洗練し，掲示資料に書き加えていく。教師には，子供の稚拙な言葉の奥の，算数の本質を瞬時に見抜く力が必要となる。そのためには，深い教材研究が不可欠である。

[留意事項]

　掲示資料に着目する子供は，内言の少ない子供であることが多い。そのような子供が，掲示資料を重視することは，主体的に学ぶ態度としてよいことである。取り上げられている言葉を繰り返し活用し，実際の操作と結び付いてこそ，内言として定着していく。言葉の暗記ではなく，内容的理解を促したい。また，学級内の子供の状態を一律にとらえるのではなく，一人一人に適した学び方で学びを進められるように，焦らず支援していく姿勢が教師には求められる。

2 ◆ 教師用：子供の類型化（資料2）

　評価の柱の1つである「意欲」をどのようにとらえ，評価していたであろうか。漠然としたとらえで評価してはいなかっただろうか。本校では，意欲を「意志」＋「欲求」ととらえ，具体的に意欲をとらえようとしている。そして，ふきだしの質と量がその判断基準の1つになっている。ふきだしには子供の思考が表れている。その表出した内言の質と量を評価し，子供の「意欲」を評価していくことがねらいである。

[使い方]

　ふきだしの「量」が，「欲求」とリンクする。ふきだしをたくさん書いている子供は，その学習に対する「欲求」が高い，と判断できる。また，ふきだしの「質」は，「意志」の表れととらえている。「数を変えてみると」「この表はどこまで続くのだろうか」など，発展的に考えられているふきだしが見られれば，その子供はその学習に対しての「意志」が高いと考えられる。質の高いふきだしを数多く書き留めながら思考を進めていれば，その子供は「はつらつ型」であるととらえることができる。

[留意事項]

　子供の状態は，その授業によって刻々と変化している。前時では「はつらつ型」であった子供が，本時には「散漫型」になっていることもあり得る。それは，人間がもつ情意面の不安定さや，その子供が感じている学習内容に対する得意・不得意など，様々な要因が考えられる。子供の状態を正確に把握し，子供の類型を固定化して考えないように留意することが大切である。

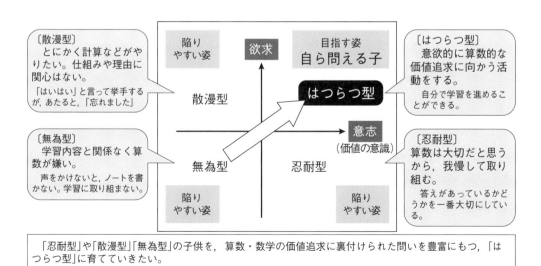

資料2　本校における「子供の類型化」イメージ図

AL実践 5　ICTを活用する授業

ICTを活用し，「確かな学力」の定着を目指した算数科学習

▶ 本校のICT利活用と協働学習

元佐賀県佐賀市立
西与賀小学校

　平成22年度より総務省「フューチャースクール推進事業」，平成23年度より文部科学省「学びのイノベーション事業」の実証校として，電子黒板，教師・子供に1人1台のタブレット端末が整備された中で，算数科学習を通して「確かな学力」の定着を目指した研究を進めてきた。本校での授業デザインは，問題解決型の学習過程とし，「問題の把握」「見通し」「自力解決」「協働の学び」，そして「個での振り返り」を1サイクルとし，ICT機器を意図的，計画的に組み入れている。子供たちの主体的，協働的な学びを支えるツールとしてICT機器の利活用を図っている。

「およその数の表し方を考えよう」
全9時間／本時：第6時

［概要］
　タブレット端末を用いて，実際の生活場面に応じた和の見積もりの方法について探る。協働的な学習の場面を設定し，切り捨て，切り上げ，四捨五入のどの方法を使うとよいかについて小集団で話し合う活動に取り組ませる。

「図形の角を調べよう」
全6時間／本時：第3時

［概要］
　タブレット端末にデジタルワークシートで問題を配布。多様な考え方を引き出すために協働的な学習の場面を設定し，図や式，言葉で伝え合う。図や式を関連付けながら説明する活動を仕組むことで，四角形の内角の和にひそむ数理に気付かせる。

1
学校全体でつくりあげる協働学習

本校では，授業づくりの基本的な考え方を図1のように考えている。

まず，楽しく，わかる授業づくりに必要な学級集団づくりを大切な基盤と考え，子供の実態や特性を細やかに把握して授業デザインを考える。自力解決を経て，協働的な学習場面ではペアやグループ学習を取り入れ，子供同士の話合い（学びタイム1・2）を設ける。子供一人一人が自分の考えを述べたり，協働的に課題を解決したりする活動を積み重ねていくことで，解決方法を見いだし，学習の成果がわかる授業づくりを行えると考えている。タブレット端末や電子黒板については，子供が協働学習をより主体的に学ぶための表現のツールとして授業の中で活用している。

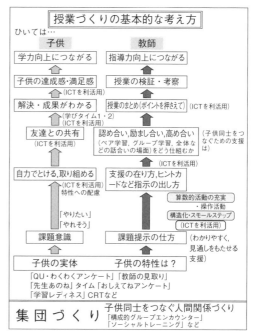

図1　授業づくりの基本的な考え方

2
デジタルワークシート・デジタルノートアプリを活用した算数科学習

算数科においてはノートの活用の仕方を全校で統一し，「めあて」「問題」「見通し」「自力解決」「まとめ」「ふりかえり」の項目で板書に合わせたノート整理について指導している。

タブレット端末を活用する際には，デジタルワークシートやデジタルノートアプリを活用し，図に自分の考えを書かせたり，操作的な活動を取り入れたコンテンツを組み込んだりして，1時間の授業の流れがわかるようにしている（図2）。

また，家庭に持ち帰って家庭学習にも生かせるように印刷をして，ファイリングをさせている。

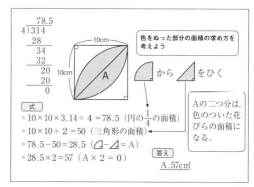

図2　子供のデジタルワークシート例

第2章　実践！算数科「アクティブ・ラーニング」　**103**

3
45分の授業の進め方

　算数科の学習では,「つかむ」「見通す」「さぐる」「まとめる」という4つの学習過程において課題解決型学習を進めている。

　電子黒板を活用して,本時の問題場面をつかませる。既習内容と関連付けたり,前時との類似点や相違点を明らかにしたりしながら一斉指導の中で本時の学習課題を見いだしていく。

　本時の学習課題について,解決の見通しを立てさせる。一斉指導の中で子供のつぶやきを取り上げながら,解決への手がかりを整理していく。その際に,量的な見通し,方法的な見通しを立てるようにする。

①子供一人一人が個別にタブレット端末を用いて自力解決に取り組む。学びタイム1・2で自分の考えが他の子供に伝わるように,思考過程がわかるように表現することを指導している。
②小集団で話し合う。学びタイム1:協働的に学ぶことで「いいね」という妥当性,「役に立つね」という有用性を話し合うだけではなく,「かんたんだね」という簡潔性や,「わかりやすいね」という明瞭性を見いだす視点をもたせる。
③学級全体で話し合う。学びタイム2:思考の段階に応じた考え方や多様な解決方法を共有することで,一般化したり,効率化したりして課題を解決していく。

①本時の学習の要点をまとめる。本時の学習を通して,共通点,分類できる点など言葉でまとめさせる。
②適用問題に取り組む。本時の学習で学んだことを生かして,問題に取り組ませる。
③本時の学習を振り返り,学習感想を書く。本時の学習でわかったこと,わかりにくかったことを明らかにし,自己分析を行わせる。

　電子黒板やタブレット端末については,一斉学習・個別学習・協働学習という学習形態に合わせて選び,子供の意欲を高め,学習に効果的に生かし,時間の効率化を図るように授業の中に取り入れている。板書については,1時間の学習の流れがわかるように構造化を図り,子供のノートづくりに生かせるようにしている。

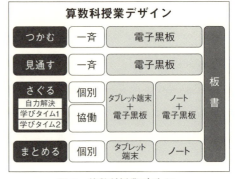

図3　算数科授業デザイン

4
協働学習「学びタイム」で培いたい力について

　協働学習「学びタイム」を行うに当たっては，表にあるように目指す姿を設定し，子供が話合いを進める際に視点がもてるようにしている。

　「学びタイム」は，ペアやグループによる話合いを「学びタイム1」とし，タブレット端末の画面を見せ合いながら話し合う場としている。また，全体での発表を「学びタイム2」とし，発表者のタブレット端末の画面を電子黒板に大きく映し出した発表の場としている。「学びタイム1」での話合いが課題解決の糸口になったり，新たな学びとなったりすることはもちろんのこと，「学びタイム2」で考えを広げたり，深めたりする場として機能することをねらっている。

表　協働学習「学びタイム」で培いたい力

学年	培いたい力	学びタイムの観点	
		聞くとき	話し合うとき
低学年	○自分なりの考えをもとうとする力 ○自分の考えを操作や絵図，記号，言葉で表す力 ○友達の考えがわかる力 ○自分の考えと他の考えの異同に気付く力	「同じ」 「なるほど」 「？」	②有用性・妥当性 ③簡潔性・明瞭性	「それはいいね」 「かんたんだね」 「わかりやすいね」
中学年	○見通しに基づいて解決しようとする力 ○考えをわかりやすく表す力 ○自分の考えと他の考えの異同に気付き，考えのよさを見いだす力	「同じ」 「なるほど」 「使ってみたい」	①関連性 ②有用性・妥当性 ③簡潔性・明瞭性	「～と同じで～」 「～に似ていて～」 「それはいいね」 「かんたんだね」 「わかりやすいね」
高学年	○根拠を基に自力解決しようとする力 ○自他の考えを比較したり，検討・修正したり，表出したりする力 ○多様な考え方や論理的な考え方のよさに気付く力	「同じ」 「なるほど」 「？（疑問あり）」 「もっとよくなる」	①関連性 ②有用性・妥当性 ③簡潔性・明瞭性 ④一般性・効率性 ⑤論理性	「～に付け加えて～」 「役に立つね」 「使えそうだね」 「（公式・問題）～に合っていて～」 「かんたんだね」 「わかりやすいね」 「はっきりしているね」 「いつでもどこでも使えるね」 「はやくできるね」 「まず，次に，そして～」

①関連性（関わりあること，つながり）
②有用性（役に立つこと）・妥当性（考え方ややり方が道理にかなっていること）
③簡潔性（簡単によくまとまっていること）・明瞭性（はっきりしていて明らかなこと）
④一般性（全ての場合に当てはまる可能性，普遍性）・効率性（手間ひまを無駄なく使う）
⑤論理性（考えを推し進めていく筋道）

およその数　第6時［全9時間］

およその数の表し方を考えよう

①つかむ／②見通す

[授業の流れ]

T：これまで学習した概数の求め方には，どんなものがあったかな？
C：四捨五入。
C：切り捨て。
C：切り上げ。
T：四捨五入は，どんなときに使うことが多かったかな？
C：四捨五入は，およその数を知りたいときに使いました。
T：切り捨てはどうですか？
C：消費税の小数点以下は，切り捨ててありました。
T：切り上げるのは，どんなときでしたか？
C：バスの子供料金を計算するときです。
T：そうだね。私たちの身の回りには，いろいろな場面で概数が使われているね。

＜電子黒板に問題場面の写真を提示＞

> ひろこさんは，お姉さん，お母さんとスーパーマーケットで買い物をしています。3人が買おうとするもののねだんの見当をつけましょう。

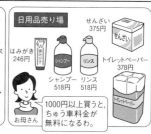

[指導のポイント]

　実際の買い物場面を想起しやすいように電子黒板に写真を提示しながら，イメージを伝えた。ひろこさんはお菓子売り場，お姉さんは文房具売り場，お母さんは日用品売り場でそれぞれ買い物をすることを子供とのやり取りを進めながら問題場面をつかませた。3つの異なる場面の問題把握をしっかりと行い，わかっていることを板書に整理した。

　また，「見積もり」とは，「四捨五入」「切り捨て」「切り上げ」のいずれかを使って上から1桁の概数にすること，概数にしてからたし算の計算で求めると簡単であることについて気付かせることができた。

[ねらい]
　目的に応じて，概数を用いて和を見積もることができる。

[評価規準]
・目的に応じて，和の見積りを考え，説明している。

③さぐる（自力解決）

[授業の流れ]

　ひろこさんの場合，お姉さんの場合，お母さんの場合について，デジタルワークシートに自分の考えを書かせる。3つの方法のうち，どの方法を用いて概数にしたほうがよいかを考えさせる。その際，なぜその方法を用いたのか，その根拠を明らかにし，自分の思考の過程がわかるように表現するよう単元を通して指導した。

　ひろこさんの場合には，「だいたいいくらかな」と言っていることから，十の位を四捨五入して上から1桁の概数にし，その和を求めるとよいことに気付くことができていた。お姉さんの場合には，「1000円で足りるかな」と言っていることから，実際より多く見積もる必要がある。また，お母さんの場合には，「1000円をこえるかしら」と言っていることから，実際より少なく見積もる必要がある。この2つの場面を比較させることで，場面に応じた概数の用い方について考えさせることができた。

自力解決の様子

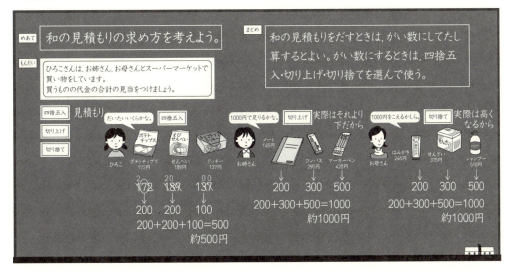

協働的な学習のポイント

問題場面を想起させるために，イラスト等を多用してイメージ化を図った。課題意識をもち主体的に取り組ませることで，実際の生活場面と比べながら話し合うことができる。

③さぐる（学びタイム）

①学びタイム1（2人～4人組で協働学習）

デジタルワークシートを見せ合い，どの方法が適切な方法であるかを話し合わせる。どの方法を用いて概数にすればよいか，根拠を示しながら自分の考えを伝えるようにした。

「1000円で足りるか考えるときは，切り上げて実際の金額より多くするとよいのでは」「もし，切り捨てると出した答えより多くなるから，1000円をこえるよ」など，

学びタイム1の様子

実際の買い物場面を想起しながら，主体的に話し合う姿が見られた。

「理由を説明する」という課題を与えると「難しい」と感じる子供が多いことから，日頃から2人組での話合いで解決できないときは，4人組をつくってよいことにしている。納得がいくまで説明をしてもらうこと，また，何度も友達がわかるまで説明することを大切に指導した。

③学びタイム2（学級全体での話合い活動）

子供の考えを書き込んだデジタルワークシートを電子黒板に拡大提示し，お姉さんの場合，お母さんの場合について話し合った。1000円で足りるかどうかを求める際には，多めに見積もるために切り上げを用い，1000円を超えるかどうかを求める際には，少なく見積もるために切り捨てを用いることについて話し合った。この場面で，2人組では解決できなかった組が他の組の

学びタイム2の様子

子供の考えを支持する場面があった。支持された子供は，普段はあまり自分から全体の場で発表したがらない子供であるが，このときには意欲的に自分から発表することができた。

子供の変容と本時のまとめ

タブレット端末を活用することで問題場面の把握がしっかりとでき，話合いの様子や子供の学習感想から，主体的に取り組もうとする姿が見られた。

④まとめる

①本時の学習のまとめ

和の見積りを求める際は，目的に応じてどの方法を用いて概数にするとよいかについて，言葉でまとめる。本時の学習内容をまとめ，自分の考えと友達の考えがわかるように色分けをしてデジタルワークシートにまとめさせる。何を付け加え，どんなところでつまずいていたかを色分けして明記しておくことで，適用問題や次時の学習に生かすことができた。

②適用問題

適用問題では，より実際の買い物場面に即した設定にし，お菓子売り場で実際に買い物をする場面を提示した。500円玉を持って買い物をするには，どの方法を用いて概数にすればよいかを考えさせた。

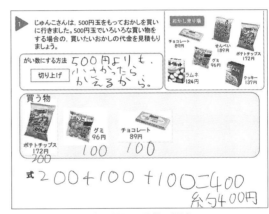

適用問題：子供の記述

子供の生活経験に合った適用問題に取り組ませたことで，「レジで足りなかったら困るから，多く見積もったほうがよい」「このお菓子は89円だから，100円と考えてみよう」など，具体的な買い物場面を擬似体験させることができた。

③学習感想

最後に，概数を実際の生活場面に用いる際には，どのような工夫が必要かについて感想を書かせた。また「誰の意見を参考にしたのか」「どんな気付きがあったか」など，学習内容に関することや友達との関わりに関すること，本時の学習で感じたことなど書き込ませた。

[子供の学習感想]

・コンビニとかで見積もりをすると便利だし，簡単だなと思いました。

・上から1けたのがい数にして見積もりを出すと，買い物が簡単にできると思った。今度から使いたいと思います。

図形の角を調べよう　第3時［全6時間］

四角形の4つの角の大きさの和を求めよう

①つかむ／②見通す

［授業の流れ］

T：これまでの学習を振り返ります。三角形の3つの角の大きさの和は？

C：180°です。

T：今日の問題は…。

問題　四角形の4つの角の大きさの和は，何度になりますか。角度をはからないで求めよう。

T：それでは，四角形を思い浮かべてみよう。

＜電子黒板で，いろいろな四角形を示す＞

T：（正方形と長方形を示しながら）この2つの四角形には4つの角に特徴がありましたよね。

C：4つの角が直角。90°。

C：90°が4つならば360°？

T：今日は「計算で4つの角の大きさの和を求める」方法を考えていきます。

［指導のポイント］

①前時までの振り返り：電子黒板に前時の子供のデジタルノートやワークシートを提示したり，本単元の学習の積み上げを掲示したりした。子供が活用した図形を再現して提示することで，これまでの学習を想起し，本時の学習に生かすことができた。

②本時の問題を電子黒板に提示：これまで学習した四角形を想起させるために，フラッシュカードのように5つの四角形を提示した。正方形や長方形の定義を振り返ったり，平行四辺形の角の性質に触れたりすることで，本時の四角形の内角の和が360°になりそうだという量的な見通しを立てさせることができた。本時の問題では，四角形の4つの角を意識させるために，角に色を付けて確認し，求める4つの角の大きさに注目させることができた。

③四角形を三角形に分ける方法の検討：三角形の3つの角の大きさの和が180°であることを基にして，四角形の4つの角の大きさの和が360°であることを演繹的に求める。三角形に分ける，対角線で分けるなどを図に書き込みながら可視化することで，方法的な見通しを立てさせることができた。

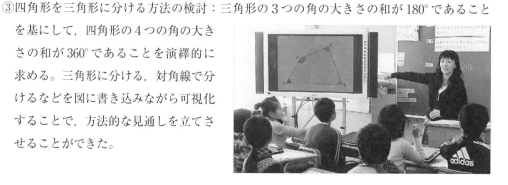

[ねらい]
　四角形の内角の和は360°であることを理解し，計算で四角形の角の大きさを求めることができるようにする。

[評価規準]
・計算で四角形の角の大きさを求めることができる。

③さぐる（自力解決）

[指導のポイント]

　導入で，四角形を三角形に分けて考えるとよいことについて見通しを立てていたので，2つに分ける方法，3つに分ける方法，4つに分ける方法とそれぞれの考えについて図と式を関連付けながら，自分の考えをデジタルワークシートに書かせた。あらかじめタブレット端末に図を配信しておくことで，何度でも自分の考えを保存することができたり，新しい図を読み込んだりすることができ，個別学習で多様な考えを見いだす子供にも対応できた。

自力解決する子供

　授業支援システムを活用し，自力解決中の子供のタブレット端末画面を四分割で提示し，自力解決の糸口とすることができた。画面の大きさから四分割にすると文字が読みにくいが，自力解決段階では図にかきこまれた情報

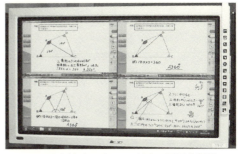
4画面分割でタブレット端末の画面を提示

を手掛かりにしながら立式したり，考えをまとめたりする子供もいた。

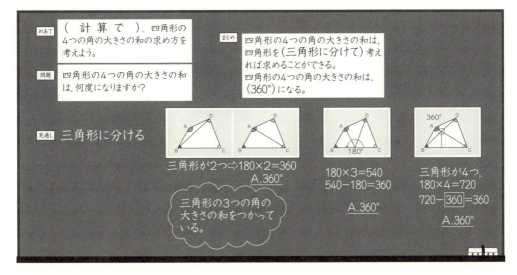

第2章　実践！算数科「アクティブ・ラーニング」

協働的な学習のポイント

子供が「やってみたい」「できそう」と思えるような課題設定が重要。事前に子供の実態を把握し，課題提示や見通しを立てるなどの手立ての1つにICTを活用すると効果がある。

③さぐる（学びタイム）

①学びタイム1（2～4人による協働学習）

「学びタイム1」に入る前に子供が取り組んでいる解法を3つのパターンに分け，自分が取り組んだ解法について挙手をさせた。学級内のどの友達と考えを伝え合えばよいのかの見当を付けさせることができ，協働学習をスムーズに進めることができた。自分の考えと比較しながら聞いたり，より簡単な解決方法はどれかを検討したりすることを視点として話し合わせ，自分の考えを繰り返し言葉で表現することで論理的に思考を深めることができた。

2～4人による協働学習

デジタルワークシートの通信機能を活用して，友達の考えを共有することができる。自分の考えの中でも三角形の分け方は思いついたが，どのような計算式で求めるとよいのかわからなかったり，なぜ同じ答えにならないのかがわからなかったりする子供がいた。そのような場合は，参考にしたい友達のデジタルワークシートを共有することで友達の考えを参考にしながら，図と式を関連付けながら考えることができた。

②学びタイム2（学級全体での話合い活動）

子供の考えを電子黒板に映し出すことで，即時的に子供の考えを共有することができる。デジタル化以前の学習では，全体での話合いのために画用紙等に書き写すことに時間を要していたが，授業支援システムを活用することで十分な自力解決・協働学習の時間を確保することができる。あらかじめ見通す過程で方法の見通しを整理して図を提示したために，

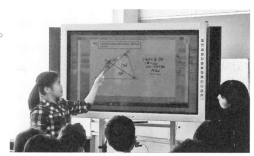
学級全体での話合い活動

四角形を2つの三角形に分ける，3つの三角形に分ける，4つの三角形に分けるというように多様な式を導き出すことができた。子供の思考の段階に応じた「学びタイム2」を展開することで，3つの三角形に分ける，4つの三角形に分けるという考えに至らなかった子供からも「なるほど」とつぶやく声を聞くことができた。

子供の変容と本時のまとめ

タブレット端末を活用して協働学習を行うことで，子供一人一人が主体的に活動に取り組み，多様な考えを導き出すことができ，思考力を高める活動とすることができた。

④まとめる

①本時の学習のまとめ

本時の学習では，三角形の3つの角の大きさの和が180°であることをもとにして，四角形の4つの角の大きさの和を求めた。四角形を三角形に分けて考えると，実際に分度器を使って測定しなくても計算で求めることができることを，図と式を関連付けながら考えることができた。

ICTを活用することで，図と式を関連付けて考えたり，思考の流れを表現したりすることが容易になる。多様な考えから，四角形の4つの角の大きさの和が360°であることを見いだし，話し合うことができた。

②適用問題

適用問題において，本時の学習が理解できているかの評価を行った。限られた時間の中でたくさんの問題に取り組めるように，自己採点できるデジタル教材を活用した。その際，教師は支援が必要な子供に対応することができる。授業後，子供の進捗状況を把握し，本時の学習の評価を行った。

③学習感想

デジタルノートに本時の振り返りと学習感想を書かせる。学習感想には，誰の意見を参考にしたのか，どんな気付きがあったかなど学習内容に関することや友達との関わりに関すること，本時の学習で感じたことなどを書き込ませた。1時間の学習の流れがわかりやすいように，「めあて＝青枠，まとめ＝赤枠，ふりかえり＝緑枠」という部分は構造化しておくことで，見返しやすいノートをつくることができた。

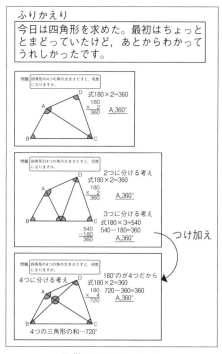

子供のデジタルノート
（友達のノートを切り貼りする）

協働的な学習を取り入れた算数科学習

1 ◆ 低学年での取組：1年「ひきざん」

[ねらい]
　11〜18から1位数をひく繰り下がりのある減法計算で，被減数を分解して計算する方法（減加法）を考えることができる。

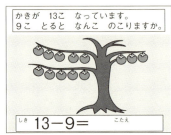
問題

[授業の流れ]
①問題場面の図を提示し，問題を把握させる。
T：柿が何個ある？
C：13。
T：はやい。どうしてわかった？
C：だって，ドット並びになっている。
C：10のまとまりとばらが3で13。
②デジタルワークシートに立式させ，既習内容との相違点を明らかにする。
③自力解決する。ブロックを操作した後に，自分の操作の通りにデジタルワークシートに書かせる。子供の考えは，22人中14人の子供が10のまとまりから（減加法），8人がばらから（減々法）ひく方法で解いていた。

学びタイム1の場面

④学びタイム1に取り組む。自分の考えをもとに2人組で話し合う。友達の考えを聞いて加除修正する際には，青ペンを使うようにしている。
⑤学びタイム2に取り組む。自力解決で1つずつ数えひきをする子供がいなかったので，まず，教師が紹介をした。次に，10のまとまりからひく方法，ばらからひく方法を取り上げ，子供の考えの価値付けをした。その際に，はやくて，簡単な方法はどれかという点について話し合い，減加法で解いた方が一度にひくことができることに気付かせることができた。
⑥板書をもとに本時の学習を言葉でまとめる。
⑦学んだことを生かして適用問題に取り組み，学習感想を書く。

[指導のポイント]
　計算の学習では，答えを速く正確にできるようにするだけではなく，どのように計算するかを考え，それを図や式や言葉で説明する表現力を付けていくことを大切にしている。自力解決でデジタルワークシートに書き込むときには，「友達にもわかるように書こう」という

意識をもつようになってきた。

2 ◆ 高学年での取組：6年「文字と式」

[ねらい]
　数量の関係の規則性に気付き，それを表すために文字を用いて式をつくることができる。

[授業の流れ]
①本時の問題を知り，課題をつかむ。碁石の図を電子黒板で大きく映し出すことで，本時の問題に対する興味をもたせることができた。

②自力解決のための見通しをもつ。碁石の全てが並んでいない図を提示したので，碁石の数が変わるのではないかという予想から，本時のめあてを「碁石の数を簡単に求める方法を考えよう」と設定した。はじめに1辺の碁石の数が5個の場合はどのようにして求められるかを考えさせ，具体的な方法を見通すことができた。

問題

③自力解決で：1辺の碁石の数が6個の場合，10個の場合の碁石の数を求めた後に，1辺の碁石の数をx，全体の碁石の数yの関係を考える。多くの子供は5個，6個，10個と考えたことで1辺の数xと全体の碁石の数の関係式も，図を使って考えることができた。

④学びタイム1：ペアで考えを話し合う。式と答えだけを伝えるのではなく，かいた図を手掛かりにしながら自分の考えを伝えさせた。図を基にして説明をし合うことで，自分の考えとの共通点や相違点を見付け出すことができていた。

⑤学びタイム2：全体で考えを話し合う。まず，「$x \times 3 - 3 = y$」の考えから，取り上げた。ここで「$x \times 3 = y$」の間違いに気付かせた。この考えは「わかりやすい」という明瞭性に着目した意見が多かった。次に，「$(x - 1) \times 3 = y$」の考えを取り上げた。この考えは1辺の碁石の数から1個を先に引く考え方で，「はやい」という効率性に着目した意見が多く出た。

⑥適用問題を解く。1辺の碁石の数が30個の場合について，文字式を使って解く。

⑦学習をまとめる。子供が書いたまとめには，「きまりをもとに文字式を立てると，より簡単に碁石の数を求めることができる」という記述が見られた。

⑧本時を振り返り，学習感想を書かせる。

[指導のポイント]
　文字と式の発展的な学習として設定した碁石の数を求める問題であったが，図を示すことでその規則性に気付かせることができた。電子黒板を活用して図から式を考えさせたり，式から図を推測させたりして，思考をゆさぶりながら授業を展開することで，多くの子供が主体的に関わろうとする態度が見られた。

指導形態を工夫する授業①

ティーム・ティーチングによる指導の工夫

▶ 本校が目指すアクティブ・ラーニングの取組

さいたま市立
尾間木小学校

　算数の授業におけるアクティブ・ラーニングとは，子供が自らの思いをもって課題をもち問題解決に取り組み，学級全体でよりよい考えにしていこうという学びが生ずるものだととらえている。そのような授業になるためには，自分の思いを表現する力，考えを組み立てる思考の力，そして友達の考えと比べる等の学び合う力が必要になる。本校では，「自ら考え表現し，学び合う力を育てる算数科の学習指導」をテーマに表現力・思考力を高める指導の工夫や，学び合いの工夫に重点をおいて研修に努めている。特に，ティーム・ティーチング（以下，「T・T」）による指導は，教師間で協力的に役割分担することで効果を上げることができた。

計算のくふう
全5時間／本時：第2時

［概要］
　T・Tでドラマ仕立ての導入を行い，ドラマの登場人物に教えてあげようという意識をもたせながら，問題場面を整理していく。3口の数の加法の場面を式に表したり式を絵カードに表したりして，式には意味があり，（　）にまとめるよさを学ぶ。

小数のわり算
全13時間／本時：第10時

［概要］
　倍を表す数が小数の場合，基準量と比較量の関係を正しくとらえることは，難しい。基準量を求める問題場面について，数直線に数量関係を正しく表すことに焦点をおいて，基準量のとらえ方を学んでいく。

1
学校全体として，主体的・協働的な学習を目指すために

　本校は「自ら考え表現し，学び合う力を育てる算数科の学習指導」のテーマを具現化するために，3つの視点を設けている。3つの視点に基づいて，よりよい授業を目指して実践を重ねることで，「やってみよう」という子供の意欲ある活動が増えてきた。

■視点１：一人一人自分の考えをもち，表現するための工夫

　導入の工夫をしたり，問題把握の仕方を積み重ねたりすることで，自らの力で問題解決できるようにしている。具体物，言葉，数，式，図などを用いて考えたり，表現したりする活動を指導計画に位置付け，段階的に指導を行うことで，操作活動をしながら思考できるようになり，子供たちが見通しをもって取り組む姿が見られるようになった。

■視点２：友達との学び合いの工夫

　互いの考えを伝え合ったり教え合ったりするペア学習や，主に3人組のグループ学習を取り入れている。自分の考えを相手に伝えるだけでなく，質問したり，相手の考えを自分でも説明したりする活動が見られるようになった。特にここでは，「よくわからないな」と素直に表現することを認めている。それが，互いにやりとりのある学び合いになっている。

■視点３：指導・支援につなげる評価の工夫

　学習状況に応じた評価による適切な指導・支援の積み重ねが，子供の意欲を高めている。

2
教師間の協力的な指導（Ｔ・Ｔ）を行うことで，
子供たちの主体性を伸ばす

　本校のＴ・Ｔの一番の特徴は，一方の教師が授業を進めて，もう一方の教師が個別支援を行うというように役割を固定していないことである。2人の教師は，授業のねらいに沿って主発問を行う立場を入れ替えて授業を進めている。

　特に低学年では，担任と少人数指導担当の非常勤職員（スクールアシスタント）とで授業を行っている。勤務時間の都合で打ち合わせの時間も少なく，両者で，どのような関わりをもつべきか戸惑いもあったが，研修や実践を重ねて，「アシスタント」では終わらない重要な役割を担えるようになってきている。

　子供たちは，Ｔ・Ｔによる指導によって，教師から様々な表現方法を示されたり，自分の表現を認められたりすることで，安心して問題解決に臨めるようになった。そして，自分の考えを抵抗なく表現できるようになり，疑問や思考途中の考えを話合いに生かす姿が育ってきた。これは，2人の教師が同じ立場で授業に取り組み，子供の実態を正しく把握して個に応じた細やかな指導・支援が計画的に行えていることが大きい。

3
45分の授業の進め方

　T・Tの授業は，目が行き届き，きめ細やかな指導が行える。さらに，T1が授業を進める発問をしている際，T2が子供の側に寄り添った立場に立って「どうしてかな」「難しいね」などと声をかけることが，主体的に学ぶモデルを示すことになっている。いろいろな学習の過程で，協力的に指導を重ねていく。

①導入　子供たち自ら課題をつくる

　2人の教師がやりとりをしながら問題場面を提示し，短時間で場面把握をしてねらいをつかませている。特に低学年では，ドラマタイムとして教師が登場人物のキャラクターを演じ，劇化して提示している。子供が，「キャラクターに教えてあげよう」という気持ちで課題をつくることで，進んで活動できるようになっていく。

②自力解決　子供たちが自ら思考し表現する

　一方の教師が，支援を要する子供を集めて小集団で指導を行う。段階的に指導をし，見通しをもてた子供から自力解決に戻るようにしている。もう一方の教師は，机間指導を行い，解決の様子を認めたり，さらにステップアップできるような言葉をかけたりする。また，小集団の指導を受けた子供が，その後，どのように解決したかを見届け，必要であればさらに支援をしている。

③学び合い　子供たちが自ら関わり合う

　小集団による学び合いでは，教師で分担し，質問し合い，考えを深めているグループを各々が認めたり，称賛したりする。
　全体の学び合いでは，一方の教師が誤答を提示する等，「どうしたらよいか」と投げかけることで，説明しようとする意欲が高まっている。
　また，ある考え方について検討している際，もう一方の教師が「こういうことではないか」と付け加えたり，疑問を投げかけたり，切り返しの発問をしたりすることが，学び合いのモデルになっている。表現の仕方や学び合いの仕方を子供は学び，それを生かしていく。

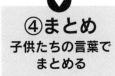

授業の感想などをもとに，子供たちの言葉でまとめている。

　T・Tで授業をするには，小集団の学び合いのねらいや考えの取り上げ方，支援の言葉かけを2人で吟味・検討して共通理解する。それを重ねることで教師の授業力も向上していく。

4
年間を通して主体的・協働的な学習をつくりあげる

　子供たちは，T・Tの指導によって，教師からいろいろな形の表現方法を示されたり，自分の表現を認められたりして，安心して問題解決に臨めるようになっていく。そして，それを子供たち同士の学び合いに生かして，自分の考えを相手に伝えるだけではなく，相手の考えを聞いてさらに問いかけるというやりとりをする力も育てていく。

1学期　T・Tで主体的・協働的な学びのモデルを示す

　1学期は，まだ学級づくりの過程なので，すぐに主体的・協働的な学びをつくることは難しい。2人の教師の間で「よくわからないね」「難しいね」「どうしよう」と子供に寄り添う発言をし，途中までの考えを認める等，様々な主体的・協働的な学びのモデルを示している。

2学期　「わからない」と言える小集団の学び合い

　2学期は，学級としての算数の授業をつくっていく時期である。自分が問題を解ければ，算数の授業が終わるのではなく，学級のみんながわかるようになるための学び合いを意識させていく。そのために，小集団の学び合いでは，「わからない」と言えることを認めている。さらに，わからない友達を支援しようとしていることを称賛し，教える側も教えられる側も学び合う楽しさを味わわせる。
　ここで，大切なことが教師の言葉かけである。どんなつまずきがあるのかを想定し，子供がただ解法を教えるだけの学び合いにならないようにする。誤答やつまずきに付き合えるように，「そのまま考えるとどうなるだろう」と声をかけ，協働的に考えさせることで，誤答やつまずきも正答にたどり着くまでの途中の考えであることに気付かせる。いろいろな子供の考えが生かされる経験を積んでいく。

3学期　子供たち自ら授業をつくる

　教師が誤答を提示したり，疑問を投げかけたりすると，それに応えてよりよい考えにしようとする子供たちが授業を進めるようになっていく。これは，小集団の学び合いで同じようなことを経験しているからできる，学級全体の学び合いである。

　T・Tの細やかな対応で，たくさんの子の声を聞きたい。子供の発言の中にある思いに気付き，それを引き出すことができると，素直に思いを表現するようになっていくと考える。

計算のくふう　第2時［全5時間］

何をまとまりにしたのかな

①導入

[授業の流れ]

　ドラマタイムあらすじ：算数魔女を目指して修行中の「まと・まり」ちゃん。算数魔女になるため，大魔王の問題に挑戦する。魔法の鏡を使って，問題を場面絵で映してみると…

<ドラマタイム・スタート>

まりちゃん：はじめに校庭で，1年生が7人と2年生が12人遊んでいます。あとから2年生が8人来たのね。みんなで何人になるか式にするわ。算数鏡に映してみようっと。

※問題場面を絵図を使って整理する『魔法の鏡』として算数鏡を用い，問題場面をイメージすることを共通体験する。

まりちゃん：みんなも式がわかった？
C：7＋12＋8です。
まりちゃん：その通りね。そして，（　）でまとまりにして計算すればいいのよ。簡単よ。
大魔王：いやいや，計算できるだけではだめだ。答えが出れば終わりじゃないぞ。（　）を使って何をまとまりにしたのか，話してもらうよ。

ドラマタイムで問題提示

<ドラマタイム・カット>

T1：式の数字について確かめよう。
C：7は1年生の数。12は2年生。8はあとから来た2年生です。
T1：この式は，どこがまとまりになるでしょう。
C：（7＋12）＋8と考えました。
C：私は7＋（12＋8）です。
T1：それぞれ，何をまとまりにしたのか，考えて計算しましょう。

算数鏡に問題場面を絵図で映す

[指導のポイント]

　3口の加法計算の問題は，文が長く問題場面がとらえにくい。さらに，答えがわかっていると，式の意味を考えることへの目的意識をもちにくい。そこで，導入でドラマタイムを設定し，まりちゃんが算数鏡を使って問題を整理していく。子供たちは，まりちゃんを助けてあげたいという思いから，理解しにくい場面を楽しみながらイメージして意味を考えることができる。絵図を提示し，場面と言葉と式を結び付けられるようにした。

[ねらい]
　3口の数の加法の場面を（　）を用いた式から考えを読み取ることができる。

[評価規準]
・3口の数の加法の場面を（　）を用いた式から考えを読み取っている。

②自力解決

[授業の流れ]
※T1は，何をまとまりにしたのか個別に声をかけ，子供の考えを明らかにしていく。
T1：何をまとまりにしたのか言葉で書けてすごいね。（7＋12）のまとまりは，何かな。
C：校庭で初めに遊んでいた人数です。
※T2は自力解決に戸惑っている子供を集め，支援する。問題文と絵カードを使いながら子供たちとやりとりをして，その数が何を表しているか気付かせる。
T2：（12＋8）の中の12人は何の人数かな（問題文と絵図を指して）。
C：遊んでいた2年生です。
T2：8人はどうでしょう（問題文と絵図を指して）。
C：あとから来た2年生です。
T2：（12＋8）は何のまとまりでしょう。12も8も…。
C：あっ。どちらも2年生です。だから，（12＋8）は2年生のまとまりです。
T2：よく気が付きましたね。

T2による小集団の支援

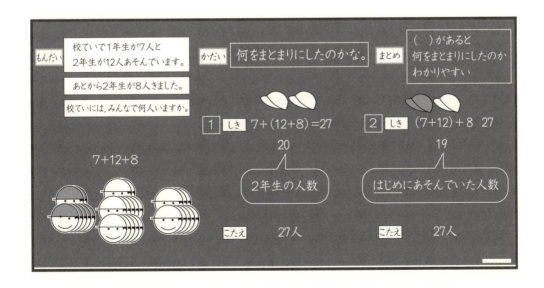

協働的な学習のポイント

複数の子供が繰り返し発表したり，1人が発表した（ ）の中の意味を全員で手を動かしながら，どこのことかを確認したりして，考えを共有していく。

③学び合い

[授業の流れ]

<ペアの学び合い>

T1：何がまとまりなっているのかな。自分の考えをお友達に話しましょう。

C：私は，2年生の人数をまとまりにしました。7＋(12＋8)＝27の計算は，12＋8＝20　7＋20＝27，だから答えは27人です。

T1：○○さんは2年生の人数をまとまりにしましたね。ニコちゃん（顔マーク）です。

※聞き手は，話し手が何をまとまりにしたのかを繰り返し言って，正しく聞き取れていることを確かめる。また，相手の考えがわかったかどうかをワークシートの顔マークで評価する。互いに評価し合うことで，話し手がわかりやすく話そうという意識も高められる。

<全体の学び合い>

T2：式はどうなりましたか。

C：7＋(12＋8)＝27です。

T2：(12＋8)は何をまとまりにしているのでしょう。

C：2年生の人数をまとまりにしています。

C：問題に「2年生が12人遊んでいます。あとから2年生が8人来ました」と書いてあるからです。

C：算数鏡に，12人と8人の子が2年生の白い帽子をかぶっているからです。

問題文からまとまりを見付ける

T2：問題や算数鏡を見てわかりましたね。すごいね。

C：(7＋12)＋8＝27です。

T1：(7＋12)は何をまとまりにしているのでしょう。

C：初めに遊んでいた人数をまとまりにしています。

T1：どうしてそう思ったのですか。

絵図からまとまりを見付ける

C：問題に「あとから2年生が8人来ました」と書いてあるので，その前の「1年生が7人，2年生が12人」が初めに校庭にいた人数になります。

T1：( )の位置が違うと，まとまりの意味が違うのですね。

※どちらの考えも27人であることを確かめ，( )の違いが，式の意味の違いにつながることを押さえていく。まとまりを表す( )に吹き出しを付け，式と問題文，絵図を関連付ける。その際，動作化を取り入れ，どこのことなのかをはっきりさせるようにする。

子供の変容と本時のまとめ

学習した内容と似た問題を適用問題にして，どんなまとまりができるのか考え，（　）を用いて表す。そこから，（　）を使うよさについてまとめるようにする。

④まとめ

[授業の流れ]

T1：今日の学習で，大切なことは何でしょう。

C：（　）が付いていると，何をまとまりにしたのか，わかりました。

まとめ （　）があると，何をまとまりにしたのか，わかりやすい。

T2：他の問題も解いて確かめましょう。どんなまとまりができるかな。

練習　まことさんは，赤い色紙を15まい，青い色紙を14まいもっています。あとから青い色紙を6まいもらいました。色紙は全部で何まいになりましたか。

T1：2つの式ができましたね。

C：(15+14)+6=35です。

C：15+(14+6)=35です。

T2：それぞれ何をまとまりにしているのでしょう。

C：(15+14)は，初めに持っていた色紙の数をまとまりにしています。

C：(14+6)は，青い色紙の数をまとまりにしています。

T1：今日の学習を振り返りましょう。

C：（　）を使った式を見ると，何がまとまりになっているか，わかりやすかったです。

T1：今日は，まとまりの意味がわかってみんなすごいね。式にも意味がありますね。

[見取りのポイント]

　適用問題のワークシートでは，式の（　）に吹き出しを付け，何のまとまりなのかを書くことで，見取りができるようにした。支援が必要な子供には，意味をイメージできるような絵図のヒントカードを渡した。また，振り返りの段階で，T・Tによるドラマタイムを行い，（　）を外した式と（　）があると式を比べて，まとまりの意味や（　）のよさについて理解が深まるようにした。

[A児の記述]
（　）があるので，なにをまとまりにしたのかよくわかった。

[B児の記述]
かがみの絵のかっこを見ると，まとまりのいみが見えたので，かっこってすごいと思いました。

小数のわり算　第10時［全13時間］
もとにする大きさは、どちらかな

①導入

［授業の流れ］

T1：「A町の面積は81.6km²です。」「A町の面積はB町の面積の2倍です。」
　　この後、問題の続きはどうなると思いますか。

C：「B町の面積は、何km²ですか」だと思います。

T1：そうです。B町の面積がわからないのです。
　　そして、本当は、ぴったり2倍じゃなくて、1.6倍だったのです。

T2：あれっ！小数倍になってしまいましたよ。何算になりそうですか。

C：「1.6倍」と「倍」があるから、かけ算だと思います。

C：B町の1.6倍だから、わり算じゃないでしょうか。

T2：どうして、悩んでいるのでしょう。

C：小数の倍だから、わかりにくいです。

※問題の続きを考えさせ、求答事項を意識させた。さらに、整数倍を小数倍に直すことで、「小数倍は数量の関係をとらえにくい」という難しさを感じられるようにして、共通の課題意識をもてるようにした。T2が、子供の気持ちに寄り添う立場から声をかけて、素直な問いを引き出すようにしている。

T2：小数で倍の数が表されていると、A町とB町の面積の関係がわかりにくいのですね。

課題　B町の面積は、どのように求めるのかな。

T1：A町とB町の関係がよくわからないから、困っています。
　　問題を整理した方がよさそうですね。何が使えそうですか。

C：数直線に表すといいと思います。

［指導のポイント］

　倍を表す数が小数の場合、問題場面から数量関係を正しくとらえることが難しい。どちらが基準量になるかを問題場面からとらえ、式を考えるときや図をかくときに戸惑う様子が見られる。本時は、小数倍のときの基準量を求める場面であるが、未知数が基準量であることさえわかれば解決できることが多いので、数直線に正しく数量関係を表すことに焦点化している。どのように考えれば正しく数量関係を表わせるのか、T1が正答の数直線、T2が誤答の数直線を扱いながら、明らかにしていく。

[ねらい]
　倍を表す数が小数の場合でも，基準量と比較量の関係を理解し，演算の決定が正しいことを確かめることができる。

[評価規準]
・倍を表す数が小数の場合でも，基準量と比較量の関係を理解し，演算決定の根拠を場面と図を関連付けて説明している。

②自力解決＜個別指導＞

[授業の流れ]

T1：（数直線②［板書図参照］に表せた子供に）この関係は，どこから見付けたのかな。

C：問題文に，A町の面積はB町の面積の1.6倍となっているからです。

※T1は，机間指導で解決できることを認めたり，一人一人の求め方を把握したり，数直線に表した数量関係の根拠を問いかけて，一人一人の考えを明らかにしたりする。

T2：問題文から，倍の関係を表す文を見付けましょう。

C：「A町の面積はB町の面積の1.6倍です」のところです。

T2：ここから，A町の面積とB町の面積は，どちらが広いのか，考えてみましょう。

T2：「B町の面積の1.6倍は，A町の面積」と並べ替えると，関係が見えてきそうです。

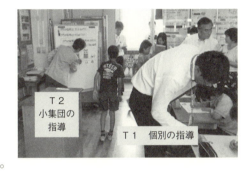

※T2は，戸惑う子供を集めて，数量関係が整理できるように支援する。解決の見通しがもてた子供から，自力解決に戻るようにしている。

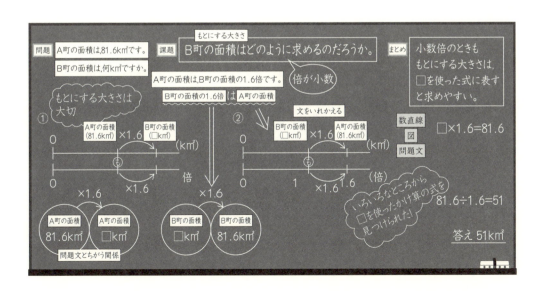

協働的な学習のポイント

誤答の数直線をＴ２から提示して，どうしてこのような数直線にしたのか，そのまま考えるとどうなるのかを全体で考える。悩んだ子供の考えに皆で寄り添い，正答につなげていく。

③学び合い

[授業の流れ]
＜３人組の学び合い＞

※正答，誤答の２種類の数直線を示し，Ａ町とＢ町のどちらがもとにする量なのかについて話題を焦点化する。自分がどちらの意見で，何を根拠にしているかを明確にして話し合う。途中までの考えも「よくわからない」と言うことで，グループ内で丁寧に説明を受けられるようにする。

Ｔ２：Ａ町をもとにした数直線①と，Ｂ町をもとにした数直線②の２種類あります。お互いの考え方を比べ合いましょう。

…学び合いの活動：略…

数直線①，②の提示

＜全体の学び合い＞

Ｔ１：自分の考えた数直線について説明してください（正答②の数直線）。

Ｃ：「Ａ町の面積はＢ町の面積の1.6倍」ということは，Ｂ町よりＡ町の方が広いのだから，この②の数直線の通りになります。

Ｃ：「Ｂ町の面積の1.6倍」から，もとにする大きさがＢ町だとわかります。

Ｔ２：こちらの数直線もありました（誤答①の数直線）。気が付いたことを言いましょう。

Ｃ：この数直線は，Ｂ町の面積の方がＡ町の面積より広くなっています。

Ｃ：もとにする大きさが，Ａ町になっています。

Ｔ２：もとにする大きさが，わかればいいね。どちらがもとにする大きさなのか悩んでいた人もいましたよ。どうしたら，もとにする大きさが正しくわかるのかな。

Ｃ：私は，問題文にある「Ａ町の面積は，Ｂ町の面積の1.6倍」で，どちらがもとにする大きさなのか，悩みました。だから，「Ｂ町の面積の1.6倍は，Ａ町の面積です」と言葉を入れ替えたら，Ｂ町の面積がもとにする大きさだとはっきりしました。

Ｃ：初めは①の数直線と思ったけど，もう一度問題文を読んでみたら，Ａ町をもとにする大きさにするとおかしいなと気付いて，②の数直線に変えました。

※問題場面を表している数直線はどちらなのか根拠を明確にして説明することで，正答にたどり着くまでの思考の過程を話し合える場がもてた。数量関係を把握できてからは，スムーズに□を使ったかけ算の式に表して基準量を求めることができた。

子供の変容と本時のまとめ

　問題文で倍の関係を表す部分に注目したり，数直線を吟味したりする子供が増えた。□を使ったかけ算の式は，倍の関係もとらえやすいことにも着目した。

④まとめ

［授業の流れ］

T1：はじめは，わり算かかけ算か悩みましたね。今日の学習で大切なことは何でしょう。
C：もとにする大きさは何になるのか，気を付けます。
C：数直線ができたら，問題文と比べて確かめます。
C：□を使ったかけ算の式は，□×1.6＝81.6で「B町の面積の1.6倍はA町の面積」と意味が同じだからわかりやすかったです。

|まとめ|　小数倍のときも，もとにする大きさは□を使ったかけ算の式に表すと求めやすい。
|練習|　病院の高さは25.8mです。病院の高さはデパートの高さの1.2倍です。デパートの高さは何mですか。

T1：もとにする大きさは，どのようにしてわかりましたか。
C：問題文を「デパートの高さの1.2倍は病院の高さ」と並べ替えて，デパートの高さだとわかりました。
C：数直線に表した後，もう一度，問題文と見比べて，もとにする大きさを確かめました。
T2：数直線と問題文で，関係が見えたことを式にするといいね。
※デパートの高さを□として，□×1.2＝25.8から，答えを求めていた。

［見取りのポイント］

　基準量と比較量の関係を正しくとらえて数直線に表されているのかを見取る。問題文の倍の関係を表す部分に線を引いたり，数直線に矢印を入れて関係を確かめたりしている場合は称賛して，正しく数量関係を表そうとする意欲を認めていく。さらに，数直線や，問題文の倍の関係を立式の根拠として関連付けて説明していることを見取る。

［A児の記述］

　数直線に整理するとき，もとにする大きさがわからなかったら，問題文をへんしんさせてわかりやすくすることが大切だと思いました。

［B児の記述］

　わたしは，3人で話したとき，Aさんが「ここ書かないの？」と言ってくれたから，数直線に数字の意味を付け足すことができました。そして，もとにする大きさのまちがいに気付きました。何をもとにしているかをしっかり考えてやっていきたいです。

協働的な学習を充実させる「学習資料」

[学習資料の概要]

　子供にとってわかりやすい授業とは，どのようなものかを考えて，Ｔ・Ｔの指導形態を導入してきた。子供が意欲を見せるようになった「ドラマタイム」，個に応じた適切な評価と指導をきめ細やかに行うための評価計画，教師の異動がある中も同じように授業ができるようなスタンダードの確立を行い，どの子供も安心して授業に取り組めるようにしている。

1 ◆ 低学年：ドラマタイム資料

[ねらい]

　Ｔ・Ｔで演示することで，具体的な場面を短時間でとらえられる。「登場人物に教えてあげよう」という目的意識をもたせ，わかりやすく説明しようという課題意識や意欲を高める。主人公と子供たちのやりとりで，既習事項を振り返ったり，授業の終末にもう一度大切なポイントを確認したりすることもできる。

[使い方]

①教師は，登場人物のお面を首からさげる。
②学級全体の「ドラマタイム　スタート！」のかけ声で，教師は演技に入る。
③「ドラマタイム　カット！」のかけ声で終了する。教師も子供たちも，このかけ声でドラマの世界と授業との場面をはっきり区別する。

[留意事項]

　単元によって，行事や子供が興味のあるものに合わせて物語の設定を変えている。
○その他の設定例
　・忍術学校の先生と生徒：１年生　「たし算とひき算」
　　（忍術の修行のため，何算になるのかを考えて，ステップアップしていく）
　・王様とお姫様：２年生　「かけ算」
　　（算数が苦手な王様がお姫様を助けるために奮闘する）

2 ◆ 低・中・高学年：評価計画資料

[ねらい]

今日の授業のねらいに沿って，最終的に子供たちがどんな姿になってほしいのかを明確にした評価のための資料。T・Tで一人一人を見取り，1時間の授業の中で，評価・支援（指導）・評価と繰り返すことで，実際にどこまでできたのかを見えるようにする。

[使い方]

1時間ごとの重点評価項目に対して，予想される反応と評価を設定している。どんな子供の

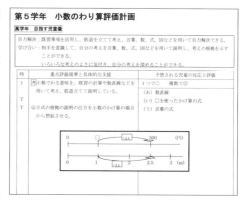

姿を「おおむね満足」「十分満足」と評価するのか，言葉や図で具体的に表し，短い時間で判断できるようにしている。学習した内容と似たような適用問題をすることで，自力解決・適用問題と2回の評価の機会を設けている。学び合いを経た子供の変容や，本時でねらっている力の定着を見取る。

[留意事項]

具体的な姿で表しているので，評価がしやすくなる。一人一人に応じた声かけを教師が意識できるようになる。

3 ◆ 低・中・高学年：スタンダード資料

[ねらい]

協力的な役割分担によるT・Tを，どの学級も同じような流れでできるようにするための本校独自のスタンダード集。

[使い方]

スタンダード集にある内容を読み合うだけでなく実際に授業を公開して，共通理解に努めている。算数の授業をもとに，学級経営全体にも生かせる資料としている。

[留意事項]

T・Tの授業について，おおまかな授業の流れ，板書の仕方，ノート指導やドラマタイムなど，算数の研修を積み重ね，実践してきた中で，

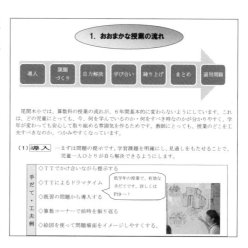

より子供たちの主体的な取組を伸ばせるような内容を約30ページほどにまとめている。

指導形態を工夫する授業②

「考えることの楽しさ」を目指した習熟度別指導の授業実践

▶ 本校が目指すアクティブ・ラーニング

東京都武蔵野市立
第三小学校

　本校では，子供たちが「できる」「わかる」「人のために役立つことができる」という学ぶ喜びを感じられる経験をたくさん積むことのできる学校生活を目指している。

　毎日の算数の授業では，「その式や答えの出た根拠を説明することや問題が解決できてよかった」「既習を振り返ったら，見通しをもって問題に取り組め，解決できてよかった」「別の解き方を探していたらよりよい方法が見付かったのでよかった」などを体験させられるような指導に努めている。このような「よかった」という体験をたくさん積み上げていくことが，「できる」「わかる」につながる。また，本校では思考力を伸ばす手立てとして，「学び合い」を取り入れた授業を展開している。学び合いを通して互いの考えを受け入れ，思考を深め広げることがねらいである。自分だけでなく学級学年，みんながよくなることでより学ぶ喜びを感じられることを子供自身が意識していくことが大切である。習熟度別指導を通して，技能面，思考面での能力に応じた指導を進めている。

小数のわり算
全14時間／本時：第6時

習熟度別指導＜習熟度A＞：本時のめあて「あまりの大きさを説明しよう」
【学習集団の特徴】
|技能面|・整数の2位数÷2位数の計算技能は習得できている。
|思考面|・整数の2位数÷2位数のあまりのある計算の仕方をわかりやすく図や式を使って説明できる。

小数のわり算
全14時間／本時：第6時

習熟度別指導＜習熟度B＞：本時のめあて「あまりの大きさを説明しよう」
【学習集団の特徴】
|技能面|・整数の2位数÷2位数の計算技能は個人差があり，7～8割できる子供が多い。
|思考面|・整数の2位数÷2位数のあまりのある計算の仕方を説明することができる子供は5割程度で，残りの子供は自分の考えを言葉や図や式を使って表現することに課題がある。

1
学校全体として，主体的・協働的な学習を目指すために

　本校が考える「学び合い」とは，問題解決を成立させるための言語活動ととらえている。
　各教科等で問題解決型の学習を進めるときに，「学び合い」の時間を設定している。それは，「学び合い」によって子供の思考力を伸ばすことができるからである。
　算数科においては，算数的活動の中に「学び合い」の場があると言える。算数的活動は，子供が目的意識をもって主体的に取り組む活動を意味している。算数的活動を通して，見通しをもち，筋道を立てて考え，表現する能力を養うのである。既習事項を生かして自分の考えを言葉や図や式で表現したり，自分の考えを整理し他の子供に伝えたり，多様な考え方や見方を受け入れたりする際，「学び合い」という手立てはまさに有効であると考えている。習熟度別指導において「学び合い」は，それぞれの学習集団や学年によって，多様な形が考えられる。しかしながら，どの集団でも，相手の考えを聞き，よさを考えたり，取り入れたりできることを目指している。「学び合い」は子供の思考が高まり，深まり，広がるためのものである。教師は子供の「学び合い」がうまく成立するために，子供の大切な気付きを引き出したり，つぶやきに基づいたりして，「学び合い」を深める工夫をすることが大切となる。本校では算数科に限らず，この「学び合い」を充実させることを目指している。

2
学校独自の資料を活用して，子供たちの主体性を伸ばす

・習熟度別学習集団編成の仕方を工夫したことで，一人一人の子供の実態を把握することができ，集団の特徴をとらえることができる。そのことにより，学習指導においては，本時のねらいを明確にすることができ，指導の焦点化を図っている。教師一人一人が単元や本時において身に付けさせたい思考力を明らかにすることで，それぞれの学習集団に合った指導が工夫できる。すなわち，集団に合った算数的活動を考えることが重要である。

・レディネステスト：単元ごとに技能面と思考面の準備テストを用意する。技能面は主に計算や作図技能，知識理解を，思考面は次の単元で必要とされる思考力が身に付いているかどうかを見る。

・習熟の程度に応じた学習展開は習熟度別指導において，不可欠なことである。子供一人一人が本時のねらいを達成するために，習熟の程度に応じて本時の中の時間配分が変わってくるのである。問題把握と適用問題に時間を十分とったり，学び合いの時間を多くしたりすることで，一人一人が自分に合った十分な算数的活動ができる時間を確保する。

・ノート指導を全校で徹底したことにより，子供が見通しをもつ場面や問題解決の場面で，これまでの学習を振り返ることができるようなった。考え方も含めた既習事項を活用することができるようになり，図や式や言葉を使って，問題の答えの根拠を説明できるようになった。

3

45分の授業の進め方　パターンⅠ：習熟度Ａ

　Ａ集団の子供たちは，自分の考えもち，自信をもって自力解決ができる。自分の考えをわかりやすく説明し，友達の考えと自分の考えの共通点や相違点を比較したり，よりよいものをつくろうとしたり，一般化したりするための話合いの時間を十分にとるようにした。グループ内での話合い，学習集団全体での話合いの時間を設定した。

①導入
問題把握
見通し

　問題を提示し，式を考えさせる。前時の計算とどこが違うかを考えさせる。あまりが出ることに気付くだろう。そのあまりの大きさについて考えることを教師は示唆する。今日の学習のめあては，子供の言葉で設定することができる。

②自力解決
各自で解決

　解決の見通しをもち，解決後に，グループで話し合うことを前提に，ノートに自分の考えを書く。時間は５分ぐらいをめどに設定する。自力解決の場面では，解決の見通しが立てられれば，簡潔に短時間で自分の考えを書けるようになる。

③学び合い
グループ内
↓
全体で

　４人１グループでグループをつくる。あえて，異質な集団を意図的につくる。書くことはできるが話すことが苦手，考え方の見通しは立つがうまく表現できないなど，なるべく異質な集団にし，互いに学び合いができるようにする。グループ毎に一番わかりやすい説明になるように考えをまとめる。このときに，グループの中で，「わかりやすく」説明の根拠が言えたり，考えたりすることが学び合いの活動になる。自分の考えをもっているからこそできる活動である。教師の役割は話合いの視点となることを明確にすることと，話合いが滞らないように子供の考えや言葉を拾い価値付けることである。この後，グループごとの発表をし，共通点を全体で確認し，まとめにつなげる。

④まとめ
子供自身が
学びのまとめを

　学習のまとめでは，「あまりの大きさ」について，どのように考えればよいかを子供の言葉でまとめる。学習の主体はあくまでも子供であることを意識し，子供もそれを感じることが大切である。まとめの場面は，子供自身の活動のまとめであることを意識させたい。

　自分ができただけで満足しているのではなく，みんなでつくることで面白くなり，楽しくなる授業を目指す。そこには，子供の主体的な取組と学び合いが不可欠である。

4
45分の授業の進め方　パターンⅡ：習熟度B

　B集団の子供たちが自分の力で問題解決ができるようにするためには，既習事項を想起したり活用したりできるようになることが必要であると考えている。

　学び合いの場面では，教師が学習のねらいに迫る話合いができるように意図的に子供を指名し，みんなで考え方を共有することが大切である。

①導入
見通しをもつ
（学び合い）

　問題提示をする前に，実物のリボンを見せ，実感と量感をもたせる。「2.2m」という量感を共通にもたせることで，問題解決の見通しにつなげる。式を立て，既習の計算と違うところ聞きながら，あまりがあることを確認していく。

　めあてを確認したら，もくもく吹き出しに解決の見通しを書く。この見通しを全体で共有することも学び合いの1つである。

②自力解決

　解決の見通しをもとに，自分の考え方をノートに書く。全員が自分の考えをノートに書くことができるようにするために，時間を十分にとる。

③学び合い
検討

　隣席の子供と互いに自分の考えを交流した後，全体で解決の方法について検討する。教師の役割は学習のねらいに迫る話合いができるように意図的に子供を指名し，みんなで考え方を共有できるようにすることである。

④まとめ

　黒板に提示されている多様な方法から，あまりの大きさについて，気を付けることをできるだけ，子供の言葉でまとめていく。筆算でのあまりの小数点を打つ位置も，子供の気付きの中から出てくるように教師はまとめていく。

適用問題

　今，学習したことを繰り返して行う。ねらいにあった問題を提示することで，本時の学習の定着を図る。B集団では必ず，毎時間，このことを行うようにする。

　自分の考えが少し不安であっても，ペアで確認し合うことで安心できたり，検討の中で自分と同じ考え方を見付けて自信をもつことができたりする。学び合いは，個々の自信につながっていくのである。

小数のわり算　第6時［全14時間］

習熟度別指導＜習熟度A＞

あまりの大きさを説明しよう

①導入

[授業の流れ]

T：このリボンを見てください。2.2mのリボンを1人に0.5mずつ配ります。何人に配れますか？　また，何mあまりますか。

T：どんな式になりますか。

C：2.2÷0.5です。

T：昨日の計算と違うところはどこでしょうか。

C：あまりがあるところです。

T：あまりの大きさはどのくらいでしょうか。

C：2mです

C：0.5mよりは短い。

C：20cmです。

T：計算の仕方は，昨日の計算と同じでよいでしょうか。それも考えながら，あまりの大きさについて説明しましょう。

めあて　あまりの大きさについて説明しよう。

[指導のポイント]

①実物を見せ，あまりの大きさについての実感をもたせる。

②既習の計算の仕方と違うところを見極める。

　この集団は技能面の定着が身に付いているので，割り切れる計算を暗算でできる技能をもっている。あまりの大きさは不確定でも，あまりがあるということはわかる。昨日と違うところを明確にして，本時のめあてにつなげる。

③「あまりの大きさ」について見通しをもたせる。

　22÷4の計算を暗算で計算することができる子供は，2と言う数字が見付かる。計算だけでなく，わる数の大きさと比べたり，実際のリボンを見ながら考えたりして，予想する。自分の考えた予想を確かめることが大切である。

[ねらい]
　小数の除法でのあまりの意味を理解し，あまりの大きさについて説明することができる。

[評価規準]
・小数の除法のあまりの意味を理解し，あまりを求めることができる。
・自分なりの解決方法であまりについての考えをもち，説明している。

②自力解決

[授業の流れ]
T：あまりの大きさに気を付けながら，考えましょう。
　　友達にわかるようにかきましょう。
C：筆算をすれば，計算ができる。
C：テープ図をかくと，計算をしないであまりの大きさがわかる。
C：筆算をして，検算までするとあまりがあっているかどうか，わかる。

$$\begin{array}{r} 4 \\ 0.5\overline{)2.2} \\ \underline{20} \\ 0.2 \end{array}$$

[板書づくりの留意点]
○ノート指導に板書は欠かせない
　　授業が終わったときに，今日の学習の様子や子供の思考の流れがわかる板書づくりをする。
○全校で統一することが大切
　　板書のスタイルを共通することで，子供はどの指導者でも迷うことなく学習を進めることができ，学び方を身に付けることにつながる。
○習熟の程度に合わせた板書計画
　　習熟の程度に応じた学習展開に合わせて，板書をつくっていく。どんな学習にしたいか，どうすればねらいが達成できるかについて，事前に板書計画を用意する。

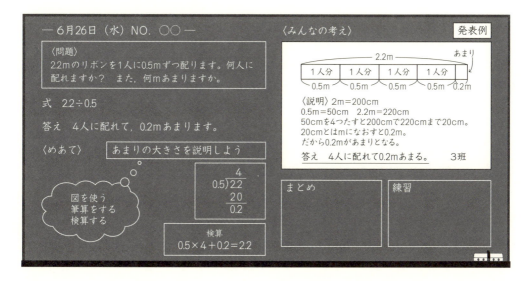

協働的な学習のポイント

グループになり,「あまりの大きさ」について説明する方法を話し合う。異質のグループ分けを行い,互いに補い合いながら充実した話合いが進められるようにする。

③学び合い

[授業の流れ]

T：それぞれの考えを,グループの中で説明しましょう。「あまりの大きさ」について,聞く人が納得できるように,グループで相談し,考えをまとめましょう。

＜グループで説得力のある説明にまとめるために,レディネステストで思考面が得意な子供と技能面が得意な子供を意図的に混ぜてグループをつくり,学び合いが高まるようにする＞

C1：私は昨日,習った筆算でやりました。あまりは2になりました。けれども,1人分の0.5mより短くなければいけないので,0.2にしました。これでいいのかなあと思っています。

C2：私も筆算でやり,検算もしました。検算をするとあまりは0.2が正しくなります。

C3：僕は線分図をかいて考えました。筆算をしなくても,0.5mずつ印を付けていけば,あまりは0.2mになるのがわかります。

C4：私は2.2mを220cmに直して,計算しました。あまりは20cmです。問題の答えは「何mですか」と聞かれているので,単位を変えると0.2mになります。

＜教師が個々の考え方を認め,子供が友達の考えを受け入れやすいようにする＞

T：みんな,違う考え方ですね。でも,答えは同じだね。わかりやすい説明になるように相談しましょう。

C1：私はC3とC4の説明を聞いて,よくわかりました。

C2：図で表すとわかりやすいね。あまりは0.5より小さいね。

C4：私の考え方とC3の図を一緒にできないかな。

C3：説明するときにcmにするとよくわかるよ。

C1：なるほど。mとcmを一緒に説明するとあまりの大きさがよくわかるね。

＜教師はグループで話し合ったことを価値付ける＞

T：図がとてもわかりやすいですね。あまりの大きさがよくわかります。みんなに一番伝えたいことは何かな？

C2：あまりは1人分の0.5mより小さくなることです。

子供の変容と本時のまとめ

子供はグループでまとめた考えを発表し，互いに交流する。グループ活動の中で，自分の考えを伝えたり，考えを1つにまとめる活動したり，思考力・表現力を養う1時間となる。

④まとめ

[授業の流れ]

T：友達の説明を聞いて，「あまりの大きさ」について気付いたことはなんですか。

C：テープ図があると，とてもわかりやすいです。

C：式だけの説明でもわかります。2.2mを22mと考えればあまりは2mです。でも，2mは10倍されたままだから，もとに戻します。本当は$\frac{1}{10}$の0.2mです。

C：この考え方は，筆算でも使えるのではないでしょうか。2.2は0.1の22個分です。

T：今日のまとめをします。

C：小数のわり算では，小数を整数にして計算することです。そのときの「あまりの大きさ」は，わる数より大きくならないことです。

C：小数のわり算ではあまりを考えるとき，あまりはわる数より大きくならないことです。

[見取りのポイント]

①自分の考えをもち，グループの中で話合いができたか。

【見取り場面：ノート・話合い活動】

②自分の考えと友達の考えを比べながら，よりよい考えをまとめるための話合いができたか。

【見取り場面：ノート・発言・ふりかえり】

③各グループの発表を聞いて，「あまりの大きさ」について，考えることができたか。

【見取り場面：適用問題】

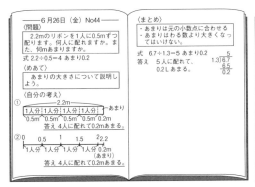
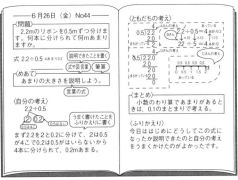

小数のわり算　第6時［全14時間］

習熟度別指導　＜習熟度B＞

あまりの大きさを説明しよう

①導入

［授業の流れ］

T：このリボンを見てください。2.2mのリボンを1人に0.5mずつ配ります。何人に配れますか？　また、何mあまりますか。

T：どんな式になりますか。

C：2.2÷0.5です。

T：昨日の計算と違うところはどこでしょうか。

C：あまりがあるところです。

T：あまりの大きさはどのくらいでしょうか。

C：2mです

C：0.5mよりは短い。

C：2cmです。

T：今日は、あまりのある計算です。今日のめあてはなんでしょう。

めあて　あまりの大きさについて説明しよう。

T：どのように考えると、あまりの大きさについて説明できるでしょうか。もくもく吹き出しに書きましょう。

［指導のポイント］

①実物を見せ、あまりの大きさについての実感をもたせる。

②解決の見通しをもたせ、自力解決ができるようにする。

・前時までの既習の筆算で解決する。

・テープ図や線分図で解決する。

・0.1のいくつ分かで計算する。

　解決の見通しが立たない子供には、筆算でやってみることや　テープ図をかいてみることなどを示し、自分で解決の方法を選択させる。

③「あまりの大きさ」について見通しをもたせる。

　「あまりの大きさ」の見当を付け、説明することで、小数のわり算はあまりがあっても計算で求めることができるということにつなげていきたい。

[ねらい]
　小数の除法でのあまりの意味を理解し，あまりの大きさについて説明することができる。

[評価規準]
・小数の除法のあまりの意味を理解し，あまりを求めることができる。
・自分なりの解決方法であまりについての考えをもち，説明している。

②自力解決

[授業の流れ]

T：あまりの大きさに気を付けながら，考えましょう。
　友達にわかるように図や式や言葉でかきましょう。

C：筆算で計算しました。あまりは2mです。

C：筆算で計算しました。あまりは0.2mです。

C：テープ図をかい考えました。1目もりは，0.1mです。あまりは0.2mです。

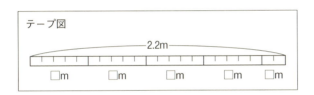

C：筆算をして，検算までするとあまりがあっているかどうか，わかります。

　　　検算　0.5×4＋0.2＝2.2

C：小数を0.1のいくつ分かで考えました。2.2÷0.5は，22÷5の計算と同じです。

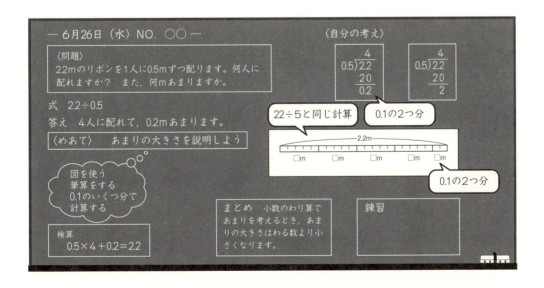

協働的な学習のポイント

はじめにペアで交流をし，全員で解決の方法を検討する。多様な考え方が提示できるように教師は意図的に指名し，考えを全員で交流する。「あまりの大きさ」について話し合うことができるように，子供の言葉をつないでいくのが教師の役割である。

③学び合い

[授業の流れ]

T：自分の考えを発表してもらいます。

＜クラス全体で解決の方法を話し合い，多様な考え方や表現の仕方を学び合う＞

C：筆算で考えました。普通に計算をしました。あまりは2になりました。

C：私も筆算で考えました。でも，あまりは違います。なぜなら，わる数より大きくなったらおかしいからです。

C：検算をするとよくわかります。$0.5 × 4 + □ = 2.2$にならないとおかしいので，□は0.2です。

C：僕はテープ図で考えました。0.5ずつ印を付けていくと，残りは0.2です。

C：小数を整数にして考えました。0.1のいくつ分かで考えます。式は$22 ÷ 5 = 4$あまり2になります。0.1のいくつ分かで考えたので，あまりは0.2になります。

T：いろいろな考えが出てきましたね。「0.1がいくつ分」という考え方をテープ図で言えませんか。

C：○○君の書いたテープ図の一目盛り分は，「0.1」です。2.2まで0.1が22個あります。それを5個ずつ区切っていくと2つあまります。式でいうと$22 ÷ 5 = 4$あまり2だからです。だから，0.1が2つあまるので0.2です。

T：筆算ではどうなるでしょうか。

C：筆算で$2.2 ÷ 0.5$をしたとき，小数点を消したら，$22 ÷ 5$を計算したことになるけど，同じ式が出てきました。

＜筆算のあまりが整数にならないわけをテープ図と0.1のいくつ分をつなげて考えさせる＞

C：今の図の説明から，$22 ÷ 5 = 4$あまり2の答えは0.5が4つとれて，あまりの2は0.2ということだね。

C：あまりの大きさが0.2のなるわけが図でも，0.1のいくつ分でも，筆算でも，わかりました。

子供の変容と本時のまとめ

自分の考えの相違点や共通点を比べることで，友達の考え方や説明の仕方などを受け入れ，自分流に解釈し，思考力・表現力を養う。また，定着させるために適用問題を行う。

④まとめ／適用問題

[授業の流れ]

T：今日のまとめをします。

C：小数のわり算では，小数を整数にして計算することです。そのときの「あまりの大きさ」はわる数より大きくならないことです。

C：小数のわり算ではあまりを考えるとき，あまりはわる数より大きくならないことです。

C：筆算でも，0.1のいくつ分かで考えれば，間違えないであまりを出すことができます。

T：小数のわり算で，あまりがあるときは，「あまりの大きさ」は整数と同じように，わる数より大きくならないことです。また，筆算で計算するときも「あまりの大きさ」に気を付けます。

T：練習問題（適用問題）をします。

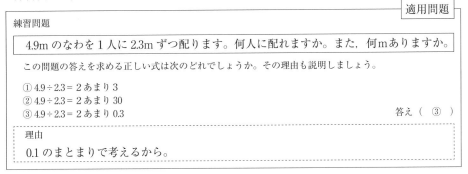

T：振り返りを書きましょう。

[見取りのポイント]

①自分の考えと友達の考えを比較できたか。

　　　【見取り場面：ノート・発言】

②自分の考えと友達の考えを比べながら，「あまりの大きさ」についての話合いができたか。

　　　【見取り場面：発言・ノート・ふりかえり】

③友達の説明を聞いて，「あまりの大きさ」について，考えることができたか。

　　　【見取り場面：適用問題】

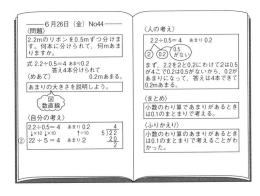

協働的な学習を充実させる「学習資料」

[学習資料の概要]
①子供の実態把握と習熟度別学習集団編成，②レディネステスト，③習熟の程度に応じた学習展開，④ノート指導

1 ◆ 子供の実態把握と習熟度別学習集団編成の仕方

本校では，思考面と技能面の二軸で子供の実態をとらえ，習熟の程度に応じた学習集団編成をしている（資料1）。1学年2学級の場合，学習集団を3つに分け，それぞれの集団の特徴を分析し，それぞれの集団に合った指導を考えるようにしている。

習熟の程度によって学習集団を編成することにより指導のねらいが明確になり，指導の手立ての焦点化を図ることができる。

資料1の子供の実態に応じて，次のように3つの学習集団に分けた。思考面の特徴は次のようである。自分で問題解決ができる子供（A集団），自分で問題解決はできるが時間がかかり，表現することに課題がある子供（B集団），自分の考えに自信がもてず，問題解決をすることや表現することに課題がある子供（C集団）である。

本時のねらいは，どの集団も同じである。ねらいを達成するためには，集団によって，教師の力を入れるところがそれぞれ違ってくる。つまり，子供が思考力を身に付け，活用できるようになるためにはそれぞれの集団に合った授業の展開と学び合いの場の設定が必要であると考えられる。

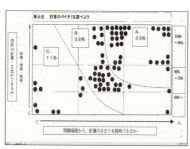

資料1

2 ◆ レディネステスト

この単元で「どんな力を身に付けさせたいか」を明確にし，レディネステストの準備をする。思考面の問題は単元の系統性や問題解決の方法などを吟味すると作成しやすい。

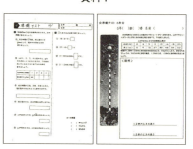

技能面　　思考面

3 ◆ 習熟の程度に応じた学習展開

学習過程	習熟度A	習熟度B	習熟度C
つかむ	3／4dLのペンキで板を2／5m²ぬれました。このペンキ1dLでは板を何m²ぬれますか？		
見通す（吹き出しの言葉）	図で考える。数直線と図で考えます。式だけで考える	図と式で考えます。かけ算みたいな図で考える。かけ算のときに整数にしてみる。	かけ算のときと同じようにしてできるかな。整数にしてみます。図で考えてみる。
自力解決	面積図と式　式の変形　数直線と図と式	面積図　面積図と式　式の変形（割る数を整数にする）	面積図
学び合い	出てきた方法を発表し合い，わかりやすい考え方や表現の仕方を小集団で検討し，発表する。	教師の指名で面積図　式の変形を板書し，みんなで検討する。	教師と一緒に面積図で説明する。最後に式と結び付ける。
適用問題	他の分数同士のわり算にも適用することか。適用問題を行い，確かめる。	仮分数÷真分数でも適用できることを確かめる。	わる分数を整数に直す問題の考え方を適用問題で確認して，表現できるようにする。

本校では学習集団によって1単位時間の学習展開を変えている。

○学び合いの充実を（A集団）

A集団の子供は，自分の考えもち，自信をもって自力解決ができる。自分の考えをわかりやすく説明し，友達の考えと自分の考えを比較したり，一般化したりする話合いの時間を十分にとるようにした。

○つかむ　自力解決で自信を（B集団）

B集団では，自分の力で問題解決ができるようにするために，既習事項を想起したり活用したりできるようになることが必要であると考えている。自力解決の場面では全員が自分の考えをノートに書くことができるようにするために，時間を十分にとっている。また，学び合いの場面では，教師が学習のねらいに迫る話合いができるように意図的に子供を指名し，みんなで考え方を共有するようにしている。

○適用問題で自力解決の力を（C集団）

C集団は，自分の考えに自信のもてない子供や解決方法の見当が付かない子供たちである。そこで，まず問題の意味をしっかりととらえることに時間をとり，どんな既習事項を活用すれば解決できるかを教師と共に話し合うことにしている。問題解決し，答えを導き出す場面も教師と子供が一緒に考え，解決するところがこの集団の大きな特徴でもある。C集団の子供が本当に自力解決する場面は，「適用問題」の場面である。今，学習したことを繰り返すことで，自分の考え方で解決することを積み重ねることができる。

4 ◆ ノート指導

全校（1年〜6年）でノート指導を徹底している。子供は見通しの場面や自力解決の場面で，これまでの学習を振り返ることができ，既習事項を活用することができるようになってきた。また，自分の考えを図や式や言葉を使って説明することができるようになってきた。ノート指導により，子供は学び方を身に付けることができる。

AL実践 8 　複式の手法を取り入れる授業

自主的・積極的に学習する学習集団を育てる複式授業の実践

▶ 本校が目指すアクティブ・ラーニングの取組

高知県土佐清水市立
足摺岬小学校

　本校の複式授業で目指すアクティブ・ラーニングとは，「学習リーダー」と級友（フォロワー）が主体となって学習を進め，自ら学び考えたことを自分の言葉で伝え合い，共に学びを深めながら，協働して課題を解決する双方向の関わりを大切にした授業である。

　学習の主体者は子供である。このことを踏まえ本校では，算数科を中心に，複式指導の特性を生かし，直接・間接指導の効果的な指導法の工夫と改善に努めながら，『学習進行カード』や『学習リーダーの手引き』等を活用し，自ら学ぶ意欲と学び方を身に付けた子供たちが主体となって活動する授業づくりに取り組んでいる。

わり算を考えよう
第3学年　全10時間／本時：第2時

四角形を調べよう
第4学年　全16時間／本時：第7時

［概要］
　3年生は，概要の除法場面をもとに，わりきれない数値を設定し，あまりの意味や場面と式の意味理解をより明確にしていく。4年生は，四角形の平行関係に着目して，台形，平行四辺形，ひし形の定義も押さえさせていくようにする。

1000より大きい数
全13時間／本時：第9時

［概要］
　本単元では，1000までの数について，その意味や表し方を理解し，数の概念について理解を深めるとともに，数を用いる能力を伸ばしていく。既習を生かしながら，半具体物を活用して説明し合うことで，理解を深めていくようにする。

1

学校全体として，主体的・協働的な学習を目指すために

　複式の学習指導を充実させるには，教師が直接指導できない間接指導時でも，主体的に学習に取り組む子供の育成が必要となる。そこで，本校では，子供が「主体的に学習する力」を，課題に向かい自ら進んで学んでいく力，そして，子供たちが相互に関わり合いながら学び合う力ととらえ，基本的な学習形態を定め，単式学級も含めた全学級で共通して実践することを，「複式授業のスタンダード」として，組織的に取り組んでいる。

「ひとり学び」や「とも学び」の充実

　子供らは，自力解決の「ひとり学び」の時間に自分の考えをしっかりと深め，ノート等に図や式，言葉で記述する。そして，練り合いの「とも学び」で各自の考えや思いを自分の言葉で説明させ，交流する中で，互いの考えを深化させたり修正させたりする。この2つのステップを意図的に繰り返し行うことで，思考力や表現力（伝える力）を高めるようにした。

「学習リーダー」の育成

　学習リーダーは，掲示された『学習進行カード』に沿いながら，「とも学び」での練り合いのほか，「まとめ」に向けた話合いの司会等，授業全体の進行役を務める。これを，日替わりで全ての子供が担当することで，リーダー任せにせず互いに支え助け合うことができ，また，自分たちの力で学習を深め，協働解決することで「学習の主体者である」という自覚や自信，新たな課題への挑戦にもつながることとなった。

2

学校独自の資料を活用して，子供たちの主体性を伸ばす

　複式の場合，特に間接指導の時間は，子供自らが主体的に学習を展開し，自ら学び，自ら考え，協働で課題を解決していく態度を育てる絶好の場となる。この時間をより充実したものとするために，本校では，次のような学習資料を活用している。

①『学習進行カード』

　子供らが見通しをもって学習を進めるために，教師が本時の学習過程をカードに記したものを黒板に掲示している。両学年の子供たちが学習の流れを共通して理解できることで，学習リーダーを中心とした円滑な間接指導が可能となっている。

②『学習リーダーの手引き』

　学習リーダーが級友にわかるように説明したり，指示を出したりするには，基本的な学習の進め方や話合いの方法を理解しておく必要がある。そこで，「つかむ」「考える」「解決する」「まとめる」など学習過程に応じた簡単な話型例を示すことで，低学年から誰もがリーダーとして，課題解決に向けた学習をスムーズに進行させることができた。

③『ピンクのまとめシート』

　自ら学ぶ力の向上のため，子供たちに本時の学習を振り返っての気付きや課題意識をもたせたい。「とも学び」でのポイント等，自分たちが理解したことを簡潔に記述させている。

3

45分の授業の進め方　パターンⅠ「導入時ずらしあり」

　これは，複式の授業展開の基本形である。今，求められている学力の3要素を本校の子供に育むために，複式の授業形態であっても，両学年が問題解決型学習を展開することを目指した。学習過程の基本を5段階とし，全校で授業の流れを統一することで，学年や教師が変わっても，子供が抵抗なく複式授業に取り組んでいけるために大切であると考えた。

[ずらし]

　一方の学年の導入に前時の振り返り（復習）を行い，間接指導から始める「ずらし」を取り入れることで，もう一方の学年は直接指導で子供とともに丁寧に課題把握ができ，課題解決への見通しを子供にしっかりともたせ，ひとり学び・とも学びが充実できる。

[両学年同時間接指導]

　教師は，机間巡視または教室後方のセンターポジションに立ち，ひとり学びで自分の考えがもてているか，とも学びで課題に向けた話合いが深まっているか等，両学年の子供の学習状況を余裕をもって見取ることが必要である。

　慌てて「わたり」を行わず，支援が必要になっている学年の方へゆるやかにわたり，学習リーダーを中心とした子供たちの主体的な学びに自然に入っていくことを心がける。

基本的学習過程の5段階	主な指導形態
①導入・課題把握	直接指導
②ひとり学び（自力解決）	間接指導
③とも学び（学び合い）	間接→直接
④まとめ	直接指導
⑤適用問題・振り返り	間接指導

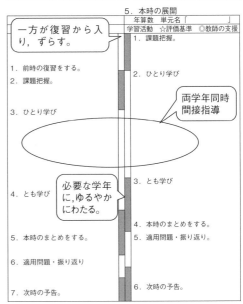

4

45分の授業の進め方　パターンⅡ「導入時ずらしなし」

　本校の「複式授業のスタンダード」の実践では，適用問題・振り返りまでの時間確保のために，両学年共に「課題把握」から導入するパターンⅡの授業展開が多い。学習進行カードに沿って，学習リーダーが司会進行しながら授業が展開していく。複式学習規律の定着や手立てにより，子供主体で2学年の授業が進行し，教師が柔軟に「わたり」を行う。

①導入・課題把握
子供たちとともに

提示された問題場面ついて「わかっていること」「問われていること」「どんな式で解けるか」「前時までと違うところはどこか」等を子供らが話し合い，そこから本時の「めあて」を学習リーダーが板書し，学習課題を明確にとらえていく。

②自力解決
子供たち自ら課題に向かう

「困っていることは？」「どんな方法でできる？」と，学習リーダーが問いかけてから，ノートに問題と「めあて」を書き，ひとり学びに入る。タイル，テープ図，数カード，硬貨，ホワイトボード等を活用する。ペアでの話合いも自由に行う。

③学び合い
確実に見取り適切に支援

学習進行カードに朱書きしている時刻になったら，学習リーダーが声をかけ，全員が黒板前に集まり，とも学びを開始。指名された子供が板書しながら説明し，フォロワーの子供たちも意見を述べる。質問や反対意見も出し合う中で，どの意見がよいか考える。

④まとめ
子供たちとともに

③で気付いたことや大切な内容を「ピンクのまとめシート」に学習リーダーが記入し，全員で読み合う。協力し合って全員がねらいに迫ろうとする。その後，教師からも「まとめ」を提示し確認する。

⑤適用問題・振り返り
振り返る

学習進行カードに朱書きしている時刻になったら，学習リーダーが声をかけ，練習問題に取り組む。自分は，今日の学習ができるようになったのかを確かめ，全員で説明や答え合わせを行って学力の定着を図る。ノートに学習感想や気付きの吹き出し等を書く。

　子供に任せきりにするのではなく，支援が必要な場合は教師が「わたり」，直接指導に入る。両学年の学習過程の所要時間をずらし，同時間接指導の時間を確保して，見取る。

5
45分の授業の進め方　パターンⅢ「単式学級において」

　少人数の単式学級でも，教師が手をかけすぎて指示待ちの学習態度になるのを防ぎ，言語活動を活発に行える能動的な学習が展開できるよう，パターンⅡの問題解決型学習を実践している。「わたり」を行う必要がないので，教師は余裕をもって子供たちの話合い活動を見取ることができる。教材研究を深め，必要な場面で声かけや評価を行い，修正・焦点化・進化・発展のための支援を適切に行えるかが鍵になる。学級づくりにもプラスの効果がある。

第3学年 第2時［全10時間］・第4学年 第7時［全16時間］

わり算を考えよう・四角形を調べよう

①導入

「学習進行カード」に沿って，学習リーダー役の子供が学習を進行していく。

※CR：本日の学習リーダー役の子供

[授業の流れ] 第3学年（2名）

CR：問題を読みましょう。※一斉読み1回
CR：マークを付けましょう。
※分担してマークを付ける。
1つ分の数（赤線）・いくつ分（青線）全部の数（黒線）
CR：どんな式になりますか。
C：14÷3です。わけは14個あるゼリーを1人に3個ずつ分けると，何人に分けられるかを求める問題だからです。
CR：ぼくも，同じ考えです。
T：今日の学習は，14÷3の答えの見付け方を考えていきます。※めあてを提示
CR：めあてを読みましょう。
※一斉読み1回
T：14÷3の答えの見付け方は，どんなやり方でできそうですか。
C：3の段の九九を使って考えるといいと思います。

[授業の流れ] 第4学年（2名）

CR：めあてを読みましょう。
※一斉読み1回
CR：「特ちょう」とは，どういうことですか。
C：他のものと違って，目立つ点。変わっているところのことです。
CR：問題を読みましょう。※一斉読み1回
CR：平行な直線とは，どんな直線ですか。
C：1本の直線に垂直な2本の直線のことです。
※課題把握のために，引かれた下線の言葉について学習リーダー（CR）は，フォロワー（C）に問い，問いの意味を明確にしていく。
T：平行な直線に目を付けて，①から⑨の四角形を3つの仲間に分けましょう。
※向かい合った1組の辺が平行な四角形，向かい合った2組の辺が平行な四角形，向かい合った辺が平行ではない四角形の3つ。

[指導のポイント]

両学年とも，提示された「学習進行カード」を活用していく。提示された「手立て」に沿って，本時の課題をつかむために，問題やめあてを読み，「わかっていること」や「問われていること」「前時と本時の相違点」等に着目しながら，本時の学習課題をつかむ。

「時間」と「進行」も意識しながら，学習に取り組ませていくようにする。

3年生　　　　4年生

148　AL実践8　複式の手法を取り入れる授業

第3学年［ねらい・評価規準］
　除数と商が1位数の除法で，わり切れない場合の計算の仕方を理解する。
・わり切れない場合の除法の計算の仕方について既習の除法を基に考え，具体物や図・式などを用いて説明している。

第4学年［ねらい・評価規準］
　四角形を分類する活動を通して，台形と平行四辺形の意味を理解する。
・台形，平行四辺形の意味を理解している。

②自力解決（ひとり学び）

［授業の流れ］　第3学年（2名）

CR：ノートに「めあて」と「問題」を書いてひとり学びを始めましょう。時間は10分間です。

※子供たちは，答えを見付けると，図・式・言葉等を使って，わかりやすく説明できるように準備をする。

T：机間巡視

ひとり学び
時計を見ながら時間を意識している

［授業の流れ］　第4学年（2名）

CR：ノートに「めあて」を書きましょう。書いたら，コピーしている問題文を貼ってひとり学びを始めましょう。時間は10分間です。

※子供たちは，コピーした問題文を貼り，学習したことを使いながら，前とは違う方法で仲間分けを考えていく。わからなくなったり，疑問が出たりしたときは，ペア対話を行いながら，ぼんやりとした考えをはっきりさせて，とも学びへと進めていく。

T：机間巡視

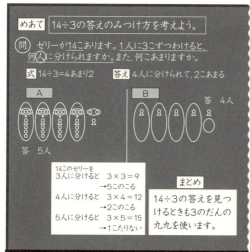

板書（3年）　　　　　　　　　　板書（4年）

第2章　実践！算数科「アクティブ・ラーニング」　**149**

協働的な学習のポイント

本時の「学習進行カード」に沿って学習を進めながら、めあてや問題提示後には、自分たちの気付きも自由に発言し、友達の発言もよく聞き、関連した話ができるようにする。

③学び合い（とも学び）

［授業の流れ］第3学年（2名）

CR：とも学びをはじめます。14÷3の答えの見付け方を言いましょう。

C：ぼくは、図で書いて説明します。14個のゼリーを1人に3個ずつ分けていくと4人に分けられます。※図に書きながら

CR：A君にちょっと。ゼリーが14個あって、それを1人に3個ずつ分けていって4人までは、1人に3個ずつ配れましたね。そこまでは同じだけど、でも2個ゼリーがあまりますね。あまった2個は、どうしますか。

C：ぼくは、あまった2個は、分けられないので、捨てました。

CR：14個のゼリーを1人に3個ずつ分けるのだから、残りを捨ててはいけないと思います。

※「あまり」をどうするかで困り果てた。

※教科書のひろきとみほの14÷3の答えの見付け方を検討させる。

T：ひろきとみほの答えの見付け方から、似ているところを言いましょう。

とも学び

C：3の段の答えで14をこえない一番大きい数を探せばいいです。

［授業の流れ］第4学年（2名）

（とも学び）進行カード通りに2時にとも学びが始まりました。

とも学び

CR：とも学びを始めます。どのような分け方ができたか言いましょう。

C：向かい合った1組の辺が平行な四角形は、③⑧です。向かい合った2組の辺が平行な四角形は、①②④⑤⑦です。向かい合った辺が平行ではない四角形は⑥⑨です。

※教科書（P71上段）の拡大図を用いて、平行な辺の組に同じ色を塗ったり、同じ印を付けたり工夫して、ホワイトボードに自分が書いた仲間分けを説明し合う。

子供の変容と本時のまとめ

・既習のわり切れる場合を基に考え，具体物や図，式等を用いて，計算の仕方を説明できるようにする。

・直線で囲まれたいろいろな四角形の特徴を調べ仲間分けをし，作図もできるようにする。

④まとめ・振り返り

［授業の流れ］第3学年（2名）

CR：今日の学習で気付いたことを「ピンクのまとめシート」に書きましょう。

※2人で考えながら，CRが記入し読み合う。
『14÷3の計算は，3の段の九九を使ったらいい。あまりがあるときもある』。

※教師からの「まとめ」を提示し確認する。

CR：ホワイトボードのうらに書いてある練習問題をして，答え合わせもしましょう。

※各自が答えを書き終え，確かめ合いをする。

C：27÷4＝6あまり3なので，答えは「わりきれない」です。

C：42÷7＝6なので，答えは「わりきれる」です。

※4問の答え合わせ終了後に，以下のことを伝える。

CR：振り返りをノートに書きましょう。

※ノートに振り返りを書く。

[見取りのポイント]

わり切れない除法の計算について，既習のわり切れる場合を基に考え，具体物や図・式等を用いて説明ができた。

［授業の流れ］第4学年（2名）

CR：今日の学習で気付いたことを「ピンクのまとめシート」に書きましょう。

※2人で考えながら，CRが記入し読み合う。
『向かい合った1組の辺が平行な四角形は台形で，向かい合った2組の辺が平行な四角形は，平行四辺形だという名前だとわかった』。

※教師からの「まとめ」を提示し，確認する。

CR：練習問題で，新しく覚えた四角形を書いてみましょう。

※平行四辺形を書く作業のみで終了。振り返りの時間をとることができなかった。

練習問題

[見取りのポイント]

平行な辺の組に着目して，平行な辺の組に色を塗ったりして，四角形の仲間分けはできたが，作図まではできなかった。

[A児のノート：3年生]

わり算の計算は，わりきれない計算もあることがわかりました。わりきれないときもわりきれるときも，答えを見付けるときは，わる数の九九を使ったらいいことがわかりました。

[A児のノート：4年生]

台形と平行四辺形という四角形の学習をしました。平行な直線の組の数に目を付けて四角形を3つの仲間に分けれたけれど，練習問題（作図）がと中までしかできなかったです。残念。

1000より大きい数　第9時［全13時間］
数カードや具体物で説明しよう

①導入（課題把握Ⅰ）

[授業の流れ]　※CR：本日の学習リーダー役の子供

CR：問題①②を確かめましょう（一斉読み2回・問題は板書図参照）。

CR：これまでの学習と，どこが違いますか（既習の2桁の筆算を黒板脇に掲示しておく）。

C：2桁＋2桁は勉強しているけど，筆算じゃないと難しい。

C：答えが百より大きくなりそう。

C：②も，百の位の数が出ている。まだ，10の位の計算までしかできないよ。

＜これまでの既習事項との違いへの気付きを，掲示物を活用して自由に発言させる＞

T：（色紙の絵を提示）色紙の束の数に目を付けてみましょう。

C：①は，10の束が5束と7束ある。

C：じゃあ，10の束が12束だ。

C：②は，10の束が12束から3束取るね。色紙の束の数なら分かるよ。

C：数が大きくて難しそうだったけど，10のまとまりで考えたらできそう。

CR：今日のめあてを考えましょう。

子供たち：「何十の計算の仕方を考えよう」→CR：板書

＜本時のめあてを焦点化して子供たちの言葉で表現し板書させ，課題意識をもたせる＞

T：昨日の学習で，「10を78こ集めたら780」という数の見方を学習してきました。（背面黒板に掲示している既習事項を活用して復習）今日は，10の束の数に目を付けて，大きい数の計算に挑戦してみよう。

[指導のポイント]

　単式学級である2年生でも子供の言語活動を活発にし，能動的に学習に向かう姿勢を育むために子供による学習活動の進行を基本としている。①本時の学習課題を提示し，前時までとの違いを見付けさせる。→②それをもとに子供が「本時のめあて」を考えていく。与えられた問題を解いて終わりではなく，「今日は～を考えるんだな」「この時間に～ができるようになろう」と課題意識をもたせる導入が行える。→③学習リーダーが「学習進行カード」を見て声かけをし，時間配分意識をもたせるようにしている。

子供たちの活発な言語活動

[ねらい]
　何十±何十，何百±何百などの計算などの計算の仕方を理解し，その計算ができる。

[評価規準]
・何十±何十，何百±何百などの計算などの計算の仕方を，数の構成に着目して考え，説明している。その計算ができる。

②自力解決（ひとり学び）

[授業の流れ]
CR：問題とめあてをノートに書き，ひとり学びに入りましょう。〜時〜分までです。
　　式と答えが書けた人は，そのわけも文で書いてみましょう。
＜学習リーダーが所要時間と課題を「学習進行カード」に沿って声かけをする＞
＜２人組の机配置なので，困ったら自由にペア対話を行う　T：机間巡視＞

③学び合い（とも学び）

CR：時間になったので，前でとも学びをしましょう。Aさん，式を言ってください。
C：①は，10の束が5束と7束で合わせるから，式は5＋7＝12。答えは12です。
C：5＋7＝12はいいけど，これは，50＋70だから12じゃないよ。
C：この12は，10の束が12こだね。だから，50＋70＝120だ。
C：そうだった。10が10こで100になるんだったね。
C：②も，引き算だけど，12－3＝9で，10の束が9こで90だね。
T：10の束で考えると，これまでの計算の仕方でできますね。

※太ゴシック体は子供による板書

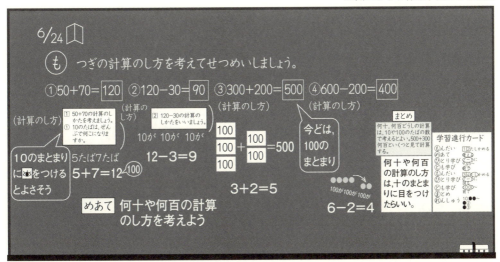

協働的な学習のポイント

教師対1人の子供の発言のやりとりではなく，子供が考えを自分の言葉で説明し，それに対して他の子供も付け足しや疑問，反対意見や補足をし，練り上げて行く過程を重視する。

④課題把握Ⅱ

[授業の流れ]

CR：問題③④を確かめましょう。(一斉読み2回)
C：今度は数が大きくなったね。でも，100の束があるね。
C：さっきは10のまとまりだったから，これは100のまとまりで考えられるね。
C：じゃあ，今日のめあては何十だけじゃなくて，何百の計算も入るね。
CR：板書付け足し

＜課題が2段階の場合は，1つ1つ丁寧に学習過程を追って，基本の流れで進める＞

⑤自力解決（ひとり学び）

CR：～時～分までに，いろいろなものを使って説明を書いてください。各自ノートに立式。

＜練習問題と振り返りの時間を確保するため，常に時間意識とスピード感をもたせる＞

⑥学び合い（とも学び）

CR：時間になったので前でとも学びをしましょう。Bさん，③の式を説明してください。
C：ぼくは，数カードで説明します。③は，100の束が3束と2束で合わせるから，式は3＋2＝5。100が5こで答えは500です。
C：3＋2で考えたら，簡単だね。でも，5って答えたらだめ。
C：わたしは，300＋200の式の答えも5って書いてしまったから気を付けるね。
子供たち：うん，そこを気を付けようね。

＜間違いを評価していく，教材や掲示物を活用して子供の能動的学習を支援する＞

CR：④の式を，Cさん，説明してください。
C：わたしは，お金で説明します。百円玉が6個あります。そこから，2個とります。のこりは，百円玉4個になります。だから，600－200＝400です。
C：いいです。100のまとまりで考えたらいいです。
C：②も，引き算だけど，12－3＝9で，10の束が9こで90だね。
T：今度は，100の束で考えると，これまでの計算の仕方でできますね。

100のまとまりで考える

子供の変容と本時のまとめ

本時で最も重視したいのは，既習の活用である。数の構成に着目し，10 や 100 を基に考えて自分の言葉で説明し問題を解決することで，既習を活用するよさを味わえるのである。

⑦まとめ・振り返り（15分間）

[授業の流れ]

CR：今日の勉強でわかったことを「ピンクのまとめシート」に書きましょう。→CR が記入

「何十や何百の計算の仕方は，10 のまとまりや 100 のまとまりに目を付けたらいい」。

T：1 年生の「おおきいかず」でも，50＋20 等の計算をしてきました。数を 10 や 100 のまとまりでとらえれば，大きい数の計算もできるようになりますね。

＜子供の言葉で簡潔にまとめさせることで，表現力の育成を図る＞

CR：練習問題をノートに解きましょう。できたら，ホワイトボードで答え合わせをします。

C：（ノートに，何十±何十，何百±何百の計算の練習問題を解く。できたら，ホワイトボードで説明し合い，振り返る。）

CR：①から，解いた人が説明してください。

C：500＋30＝80 です。

C：でも，500 と 30 では，合わせて 530 だね。

C：5＋3＝8 だけど，この 5 は 100 が 5 こで，3 は 10 が 3 こだから，足せないよ。

ホワイトボードで振り返る

C：わかった。5 と 3 の位が違うんだね。

T：何十と何百が入った計算は，何のまとまりが何個あるのかに気を付けましょう。

[見取りのポイント]

子供たちがまとめた後，教師からも本時のまとめを提示して全体で再確認する。練習問題の自力解決で子供の様子をしっかりと見取り，話合い活動の中で理解が不十分な子供に対する直接指導を行い，全体への学習内容の定着を図る。位取りの仕組みや数の構成の理解に抵抗がある子供には，半具体物の操作活動や説明を丁寧に行わせたい。

[A 児のノート]

大きい数の計算も，数カードを使って，10 が何こ 100 が何こで考えたら，かんたんでした。

今日の計算は，筆算しなくてもすぐにできました。

[B 児のノート]

わたしは，5 と 3 だけ見て，5＋3＝8 にしてまちがいました。式だけじゃなくて数カードも書いて，10 や 100 が何こあるか考えます。「ぐんぐん」（自主学習ノート）でもやってきます。

主体的・能動的な学習を充実させる「学習資料」

[学習資料の概要]（全学年）
- 「学習進行カード」：1単位時間の学習過程をホワイトボードに示し子供に提示するもの。
- 「学習リーダーの手引き」：司会役の子供の進行マニュアル。問題解決型学習の流れになっており，級友（フォロワー）への声かけの言葉が記入されている。
- 「ピンクのまとめシート」：とも学びの中でつかんだことを，子供たちが簡潔に書き込むラミネートシート。

1 ◆『学習進行カード』

 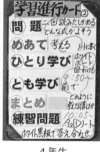

3年生　　　4年生

[ねらい]
　複式授業の間接指導時であっても，子供たちが1単位時間の見通しと時間配分意識をもって，話し合いながら次の学習へ進むことで，主体性・表現力・思考力の育成を図る。

[使い方]
①「問題」「めあて」「ひとり学び」「とも学び」「まとめ」「練習」等と書いた基本の学習過程カードを，問題解決型の展開パターン順にホワイトボードに貼り，視覚的に本時の学習の流れをつかませる。黒板の両脇に掲示して，全員の子供が見られるようにしている。
②カードの横に，問題のページ数や番号等，ノートやホワイトボード・プリント等ひとり学びのやり方，とも学びの場所（黒板前か机を寄せる等）を簡潔に記入し，1時間の学習の流れと内容を子供に視覚的につかませ見通しをもたせる。
③まとめと振り返りの時間を確保する（10～15分間）ために，とも学びや練習問題の開始時刻を朱書きして示す。ひとり学びがまだ十分でない子供も，学習リーダーが次へ進む指示を出せばとも学びに参加する。「もう少し待って下さい」と，要求することもある。
④両学年がどこまで進んでいるかを教師も子供も把握するため，終わった学習過程には学習リーダーが赤丸や花丸を付ける。「振り返り」を確実に行うことを意識付けている。

[留意事項]
　学年の発達の段階に応じて，具体的な文での記入や，分：分かっていること，問：問われていること，ち：前時までとの違い等のマークを利用して課題把握の際の確認ポイントを強調しておく。単式学級であっても，全員に見えるように掲示し，主体的な学習を支援する。

2 ◆ 『学習リーダーの手引き』（算数科）

[ねらい]

　学習リーダー役の子供の進行によって，問題解決型学習の流れで子供の主体的・能動的な学習が行えるよう，司会の言葉を示している。学習リーダーとフォロワーの子供が協力し合うことで，学び方を習得し自ら学ぼうとする意欲を育てることができる。

[使い方]

　ラミネート加工をして，子供の机の横にかけておく。学習リーダー役の子供は，この言葉を読んだり参考にしたりしながら，「学習進行カード」に沿って学習を進めていく。「～時～分からとも学びです。それまでに，ノートに考えを書いてください」と，時間配分についての意識ももつ。教師はタイミングを考えて適切に「わたり」を行い，つまずきへの支援や内容の進化・発展への指導を行う。

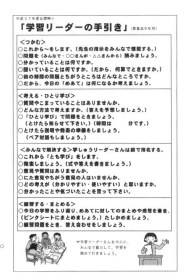

[留意事項]

　学習リーダーの育成は，全教職員の共通理解のもとに6年間を見通して段階的に指導していくことが大切である。1年生からスタートし，教師の真似や指示の復唱，手引きをそのまま読むことから始め，できるようになったら，指名や話合いの進行など次の目標を与えて励まし，意欲を高めていく。任せると決めた場面では，子供の様子を確実に見取りながら根気よく待つことも必要である。ゆとりをもち，タイミングを計って直接指導へ入っていく。既習事項の掲示物や教具を自由に使えるようにし，主体的な学びを引き出す環境を整える。

3 ◆ 『ピンクのまとめシート』

[ねらい]

　学習の中での気付きやわかったことを子供の言葉で簡潔に表現することで，課題意識が明確になり，学力の定着と表現力の育成を目指す。

[使い方]

　学習過程の「まとめ」で，学習リーダーが中心となり本時の学習での気付きやポイントを簡潔にシートに記入する。その後，教師とともにまとめを行う。次時の復習に活用することもある。前時との違いをとらえる力が育つ。

[留意事項]

　単なる学習感想ではなく，本時のめあてに対してのまとめであることを指導する。答えを出した後，「まとめは何になるかな？」と子供の側から問いが出てくるようにしたい。

編著者・執筆者紹介

[編著者]

笠井 健一（かさい・けんいち）

文部科学省初等中等教育局教育課程課教科調査官
国立教育政策研究所教育課程研究センター
研究開発部教育課程調査官

小学校教諭，山形大学大学院講師を経て，現職。『小学校学習指導要領解説　算数編』（平成20年）の作成協力者。『評価規準の作成，評価方法等の工夫改善のための参考資料』（小学校算数），『言語活動の充実に関する指導事例集―思考力，判断力，表現力等の育成に向けて―[小学校版]』の作成に携わる。主な編著書に，『授業における「思考力・判断力・表現力」』（東洋館出版社），『教科調査官が語るこれからの授業』（図書文化社），『算数　言語活動実践アイディア集（教育技術MOOK）』（小学館）などがある。

[執筆者]

友定　章子	鳥取県米子市立明道小学校教頭	実践1
山﨑　聡子	神奈川県座間市立相武台東小学校総括教諭	実践2
岩瀬　竜弥	愛知県岡崎市立連尺小学校教諭	実践3
杉岡　潤	千葉市立海浜打瀬小学校教諭	実践4
大久保　桂	千葉市立海浜打瀬小学校教諭	実践4
大家　淳子	佐賀県神埼市立仁比山小学校教諭	実践5
山田　薫	さいたま市立尾間木小学校教諭	実践6
三宅能里子	さいたま市立尾間木小学校教諭	実践6
清水　聡美	東京都武蔵野市立第三小学校主幹教諭	実践7
門田　典弘	高知県土佐清水市立足摺岬小学校長	実践8
北代　可也	高知県土佐清水市立足摺岬小学校教頭	実践8
吉本　砂紀	高知県土佐清水市立足摺岬小学校教諭	実践8

小学校算数
アクティブ・ラーニングを目指した授業展開
―主体的・協働的な学びを実現する

2015（平成27）年12月25日　初版第1刷発行
2017（平成29）年 2 月13日　初版第5刷発行

[編著者]　笠井　健一
[発行者]　錦織　圭之介
[発行所]　株式会社　東洋館出版社
　　　　　〒113-0021　東京都文京区本駒込 5 丁目 16 番 7 号
　　　　　営業部　TEL：03-3823-9206　FAX：03-3823-9208
　　　　　編集部　TEL：03-3823-9207　FAX：03-3823-9209
　　　　　振　替　00180-7-96823
　　　　　U R L　http://www.toyokan.co.jp

[装　丁]　竹内宏和（藤原印刷株式会社）
[印刷・製本]　藤原印刷株式会社

ISBN978-4-491-03174-3　　Printed in Japan

JCOPY ＜(社)出版者著作権管理機構　委託出版物＞
本書の無断複写は著作権法上での例外を除き禁じられています。複写する場合は，そのつど事前に，(社)出版者著作権管理機構（電話 03-3513-6969，FAX 03-3513-6979，e-mail：info@jcopy.or.jp）の許諾を得てください。